U0153801

語文、語言與閱讀

柯華葳——著　　陳明蕾——編

目錄

開卷有「憶」：由 R 到 L，功不可沒！

我把柯華葳教授所著這本《語言、語文與閱讀》攤開在書桌上，翻讀數遍，真是開卷有「憶」！

話說從前，是上個世紀的 80 年代初期，我在美國加州大學河濱分校心理系教書做研究，也和一群在聖地牙哥沙克生物研究院的語言科學家，一起做視覺語言（Visible Language）的實驗研究，探討聾啞生以眼／手取代口／耳的語言交流方式和以視覺掃描白紙黑字為主要輸入資訊傳遞方式，在腦神經的運作上，有何特點？和一般的口語傳輸有何差異？這一系列的實驗結果，開啟了閱讀的認知神經科學研究，而漢字閱讀和拼音文字的閱讀，在腦神經運作的比對，當然就成為神經語言學的主流。

我把這些新興的科學知識，利用寒暑假回到臺灣，就安排到各大學心理系演講，同時也透過世界華語文教師學會的介紹，認識了當年在板橋的臺灣省教師研習會，做了好幾場的演講，講題就是「三文主義：漫談文字、文明與文化！」主持人就是柯華葳研究員，我就是這樣認識她！她把我的期刊論文都「詳閱」，也和我討論，真的很用功，領悟力很強，又快又準。她是非常虔誠的基督教徒，但從不和我辯論「起源」和「演化」的議題，因為我們都認為宗教信仰和科學研究是兩個各自獨立的範疇，河水不犯井水或海水，雖然有相交，但立論各異，不必強求！我非常欣賞她科、教分離的信仰和行事風格，和同事相處融洽，親和力強，正直且深具教育的愛心。所以 1990 年我回臺灣中正大學建立心理研究所，就趕快延聘她下鄉到民雄，幫我建立一個有認知科學特色的心理研究所和認知科學研究中心。後來心理系成立，我轉任社會科學院院長，就把新系所合一的重責大任交給她。我只交代她把華語文的閱讀研究，

在認知神經科學的基礎上，建立堅強的科研平台，培養下一代的世界級研究人才。她真的完成了我交代的任務，而且成就非凡！閱讀文字，當然要了解眼球注視的運動軌跡，所以臺灣第一部專門研究漢字閱讀的眼動儀，就是在中正大學心理系開始運作，而且發表了多篇研究論文在重要的國際期刊上。然後腦電波（EEG）的實驗室也建構完成了，開始是做老鼠的研究，但測量的技術和分析統計的新方法，就被應用到漢字閱讀的讀寫及較高層次的語意處理。在核磁共振的神經影像設備尚未在臺灣出現之前，中正大學心理系的博士論文，就有利用 EEG 測量，做出非常重要的漢字閱讀在腦神經運作之分佈圖，論文也發表在國際重要的期刊，引發跨語文閱讀研究在腦科學研究上的深入討論。中正大學地處偏鄉，又是個新興的大學，但心理系在教研上所爆發的能量，真的是令人稱奇。這絕不是誇大，因為早些年在心理所畢業的博士或碩士生，學成之後在臺灣許多公私立大學心理相關的學系或研究所擔任重要的教職，其中有很多位在研究上，已經是國際學壇上的知名學者，也擔任重要期刊的編輯委員。他們的成就，當然必須歸功於當年柯主任所帶領的卓越教師團隊！

　　柯教授推動閱讀研究，沒有侷限在實驗室的微觀層次。她直接走進中小學校園，檢視課文，觀察教師教法，評量學生閱讀能力，分析教師教法與學生閱讀能力的關係，從宏觀的教育歷程去探討和規劃培養語文閱讀教師的方案！這些務實的研究工作，讓她腳踏實地的走進校園，也在中央大學成立學習科技研究所。她深耕閱讀歷程的文獻，更和民間推動的「愛的書庫」結合，培養在職教師在語文課的教學能力！近年來，更由書本閱讀推展到數位閱讀，因為後者建構在數位網路平台上，閱讀理解的形式，和認知功能的資源分配，都和紙本閱讀有所

不同。老師們如果仍然以傳統紙本閱讀的教學方式，就會事倍功半，成效打折。她是對的！柯老師總是針對理念，勇往直前，不會大聲吶喊；總是步步為營，從研究的基礎上，靜靜鋪陳，畫好藍圖，打造前進的路線！

不斷的深耕文獻，探索新知，與世界同步，而且從實際參與校園教師培育的經驗中，柯教授更強調「接地氣」的重要性。她說教臺北市區和尖石山上小朋友們閱讀《哈利波特》，兩地學童在理解過程中所產生的心象（Mental Image）和期待，當然會有所不同，因此，教學教法怎麼可能一成不變？

2008 年，國家教育研究院院長出缺，我強力推薦柯教授去承擔這個負責國家教育政策研究的重責大任。我剛好去了一趟三峽的院區做了一場華語文神經語言學進展的演講，順便告訴院內同仁新院長就是柯教授的消息，現場爆出如雷的掌聲，幾位和柯教授曾任在板橋教師研習會共事的老朋友，更是喜極而泣。整個場面令我感動，除了同事情誼之外，柯教授的學術能力和為人的親和力，做為這個新興單位的領導人，是被一致肯定的！

柯教授在國家教育研究院除了承接教育部所交辦的政策研究之外，啟動了一個非常重要的研究，推動由閱讀（Reading）到素養（Literacy）的生命教育方案，分成語文素養、科學與科技素養、網路使用素養和美學生活素養等四個子計畫，我也參加了這個由行政院直接支持的大計畫，成為諮詢委員。我告訴柯院長（她不喜歡我稱呼她院長，因為她說我是她的老師），國際閱讀協會（Internationl of Reading Association, IRA）已經改名稱為國際讀寫協會（International Literacy Association, ILA），其主要的任務就是要促成全世界

的人民都能透過讀寫能力，增進現在科技的知識，得以適應未來數位世代所帶來更複雜的社會生活！我更稱讚她比 ILA 更進一步的策劃美學生活的素養，提升生命的境界！真是太棒了！

柯院長（柯華葳，柯老師）看著我，很謙虛的說：「曾老師，還記得我們初次見面，我主持了你的演講，你提出三文主義，說明文字是啟智，文明是總結時代科技的心靈工具（Mental Tool），而文化是社會總體生命的表現。美是個人心中的一個代表和諧與善良的標竿。曾老師，這是我從您那裡學來的呀！」

華葳，你真是我得意的學生，也是我永恆的摯友！

曾志朗

中央研究院院士

柯老師留給眾人的遺產

2020 年的夏天，如果您有機會看到柯老師，您會看到她在台灣各個角落，熱切地推動閱讀的各樣事。沒有人想到，她會在三個月後離眾人而去。

我也沒想到。

2020 年 8 月 28 日星期五上午，是我最後一次跟老師面對面說話。當天我們一起在國北教大開會。會議後，老師和我一起站在至善樓的走廊上，喜樂如她，與我分享她每天醒來時，如此真切體會每早晨都是新的。而我，也一如既往，相信健康喜樂如她，仍會以她滿有的基督馨香之氣，繼續帶領大家在閱讀教育的事上同心前行。

柯老師在 2020 的 5 月就已完成《語言、語文與閱讀》這本書的初稿。老師預計要在 2020 年 6 月將這份初稿送回科技部（現在的國科會），進行第二年的人文行遠專書寫作計畫期中審查。以柯老師的學術底蘊與治學之嚴謹，此一專書的具體進度，早已大大超前計畫原訂之期程。然而，謙讓如柯老師，仍在 2020 年 5 月 16 日時，用〈野人獻曝麻煩你了〉為 email 的標題，將這本書的前言及完整的六章寄給我。信中，她要我大力指正。事實上，當我讀完老師此書的初稿，只覺得閱讀理解這個領域，終於有了一本用中文寫出來的好書。

2020 年 10 月，柯媽媽說老師寫了一張紙條要給我。我到內湖拿這張紙條，紙條上仍是她慣有的謙和與英氣的字跡。紙條上，她慎重地稱我「明蕾同事」，她說她記得我們在 6 月時曾經對這本書最後完稿的樣子有不同的想法。但是，她希望我能照著她 6 月時的想法，進行這本書最後的出版工作。

這本書在某個意義上並未完成，因為我來不及就老師對這本書的細節，與她一一確認。2020 年 11 月 18 日星期三下午，老師安息主懷。在這之前，我只來得及確認，老師要透過清大出版社出版此書。至於老師想呈現的腦專欄，或是老師在初稿中明確寫著要再重製的圖與表，都來不及和老師再確認。

　　老師離開後，閱讀研究中心的夥伴陪著我一起進行這本書最後的編排工作。我自己在這些工作的過程中，不論是規劃出版進度、回覆專書學術論文審查意見、圖表授權聯繫、版面設計與圖表重製、校稿的工作，都有相當複雜的情緒。每細讀一次老師的文字，總是有著見字如見人的真實感。文字裡，有老師的聲音，有老師的溫度，感覺老師仍在。每次再細讀，也總是看見老師所留下的智慧是何等豐盛，也總是讀著讀著潸然淚下。

　　老師將她學術生涯中與閱讀研究有關的所有智慧，以文字組織起來。在編排此書的過程中，我看見老師為閱讀理解建構了一座完整的知識系統，裡面迴響著老師一生的閱讀組曲。而我，或任何讀者，都會因為閱讀此書，引發我們對閱讀研究許多的共鳴。是老師的高度與深度，讓我們能透過這本書跟上老師的理想，在老師已擘畫完整的閱讀教育藍圖共同承擔。

　　2020 年 11 月 19 日星期四上午，老師離世的消息公開後，老師生前的朋友、同事及世界各地喜愛她的人，捎來許多思念的訊息，網路上滿滿是對老師的致意。從 2020 年 12 月 5 日的追思禮拜、2021 年 3 月 26 日紀念研討會、與 2021 年 11 月 18 日逝世周年紀念會，都可以看見眾人對老師的想念。這本書的出版，可以讓更多人透過閱讀，和老師再次連結。

　　老師在《語言、語文與閱讀》裡的聲音，簡潔中有洗鍊，洗鍊中也有她為讀者的細心。編排此書的過程，我盡力保留老師 2020 年 6 月完成時的初稿，盡量不更動老師原本的敘寫風

格。這樣，若是柯老師的故友，讀此書的文字，相當有機會「見字如見人」。若是新朋友，也可以聽見柯老師原有的聲音，這樣的聲音能帶領新朋友透過這本書認識閱讀也認識她。

老師的一生總是「行公義、好憐憫、存謙卑的心與神同行」（彌迦書六章 8 節）。她留給世人的，不僅只是豐富的學術著作，更多的是她生命中見證出的屬靈德行，引領我們效法她，如她效法基督。

這本書有些地方的行文，難免仍略有滯礙之處，主要是來自我協助回應此書審查意見時，不得不編修重寫之處。老師的寫作總是鏗鏘有力且井然不紊，我難以望其項背。不足之處，謝謝各位讀者的包容。

要特別感謝柯媽媽（李清麗女士）、柯律師（柯君重律師）讓我有機會協助完成此書。本書的完成閱讀研究中心同仁的勠力合作功不可沒，先有陳家興博士候選人協助將老師電腦裡的電子檔完整備份，再有蔡宜蓁小姐與蔡幸錦小姐協助校對。最後的封面設計與內文的色彩計畫的安排，則要感謝美感細胞團隊引薦銀海設計在百忙中撥冗全力協助此書。

國立清華大學竹師教育學院副教授

陳明蕾

從實證研究到國家教育政策：柯華葳教授的貢獻

　　柯老師離開後不久，學生在網上貼出她的一小段錄影，攝影地點好像是機場，錄影中的她正和一台機器玩互動遊戲，舉手投足比手劃腳，非常開心，也非常認真。這就是柯老師一向給我的印象，專注而開心。她自己知道自己在做啥麼，努力達成目標之餘，也絕不放棄接觸新的事物，並從中得到樂趣。

　　這本書裡，柯老師再次向我們展現了一個終身學習愛書人的素養與風範。

　　公眾所認識的她，是教育家，長年推動閱讀教育，領導研發國家課綱。而這本書的內容，比較像是學術朋友所認識的她，是研究者，專門以實證的方法學，探究人類語言與閱讀的發展與心理歷程。透過這本書，柯老師試著把她對閱讀研究的心得，與樂趣，分享出來。

　　本書每一章的起頭，都會引一段文字，這些文字的作者，從 2300 年前先秦的呂不韋，到 1700 年前東晉的干寶，到 2016 年台灣的黃俊儒，柯老師閱讀範圍之廣博，令人佩服。這本書的開頭是簡媜在《紅嬰仔》的書寫：「文字是根鬚，緩緩深入生活土壤、記憶岩層，如小樹扎根於曠野沃地，隨時間而舒筋展骨，終於長成一團不可拔除、不可替代之濃蔭。」一本學術書籍用這麼一段精緻的文學語言起頭，全書散見著各領域學者的引述文字，正是柯老師的風格，也是她熱愛閱讀、文字深入她心靈土壤的明證。

　　柯老師對閱讀研究有多年的投入，介紹各家理論及理論下的經典研究乃最佳人選，她不但能抓重點，也能最精簡的篇幅寫出。這對做閱讀研究的後進學者，是非常好的指引，但我更希望做教育研究的朋友，也能看到這些研究，怎樣影響到國家

的教育。也許是病來得太急,她時間不夠了,也許是她一向謙和自抑,本書完全沒有提到這點。我有幸和柯老師在國家教育研究院共事兩年半,讓我藉這個機會把柯老師如何把她在閱讀研究上的洞見(如本書的內容),運用在國家課綱的決策上。

首先,十二年國教課綱基本上是減法:減時數、減內容、降必修。唯一的例外是低年級的國語和數學分別增加至 6 節和 4 節。為什麼?因為柯老師,希望給老師更充裕的時間,把最基礎的讀寫算教好。本書第六章,她談到「富者愈富」的馬太效應,大意是讀者的先備知識、詞彙愈豐富,其閱讀理解與學習愈佳。但「富者愈富」的反面「貧者愈貧」也是成立的。研發課綱時,柯老師念茲在茲的是 PIRLS 閱讀力調查中,台灣最後段的孩子,和競爭國家比較起來比例太高。她覺得要從課綱結構上來減少閱讀低成就的孩子,讓孩子們一、二年級時把識字解碼學好,讓更多人成為「富者愈富」的一群,於是排除萬難,在低年級加了時數。

其次是,領綱發展時,柯老師領導的研發團隊,根據實證研究的發現,把閱讀流暢、解碼自動化成為每一個教室裡要看重的教學目標。國語文和英語文領域綱要裡出現了具實證研究基礎的教育目標。例如,國語文領綱各學習階段的「學習表現」裡的「閱讀」項下,各學習階段的第 1 條出現了「以適切的速率朗讀…」的文字(國小中、低年級),或「流暢地朗讀…」(國小高年級)。英語文領綱學習表現「(五)語言能力」,從第二階段到第五階段(三到十二年級),每一階段都出現「以適切的速度朗讀」的文字。此即本書第四章不斷地出現的概念:流暢度(fluency)。

學術研究指出，使用閱讀策略可以讓孩子讀得更好。柯老師從 2012 年起，就揪了北中南東的夥伴，在全國各地推動國中小老師閱讀策略教學。並且在國語文領綱的第一、二、三、四階段（一至九年級）的學習表現中，由易而難地加入了各種閱讀策略，以一、二階段的學習表現為例：

- 5-I-6：利用圖像、故事結構等策略，協助文本的理解與內容重述。
- 5-I-7：運用簡單的預測、推論等策略，找出句子和段落明示的因果關係，理解文本內容
- 5-II-6：運用適合學習階段的摘要策略，擷取大意。
- 5-II-8：運用預測、推論、提問等策略，增進對文本的理解。

而本書第三章和第四章多次提及的理解監控，在國語文領綱裡寫做：

- 5-III-9：覺察自己的閱讀理解情況，適時調整策略。

到了國中，學生靠著閱讀學習的傾向愈發明顯，領綱裡寫道：

- 5-IV-4 應用閱讀策略增進學習效能，整合跨領域知識轉化為解決問題的能力」。

此即本書第六章「閱讀是學習」的重點，學生在學校教育的協助下，從入學的識字、朗讀開始，慢慢發展成能使用策略、具學習效能、可跨領域解決問題的素養人。

其實，柯老師對閱讀教育的關心，絕對不只在課綱上下工夫，她還關心每一間教室裡的教學情況。

有一次，她問我：「國小一年級都在學習認符、聲調、拼音、朗讀、寫字等，每週六節，都在反覆練習，這樣會不會害孩子們一上學就覺得索然無味，失去了學習閱讀的動機？」哈哈，我一聽就知道她要幹嘛，在她多次的明示暗示之後，我只好去寫了一篇〈新課綱增加時數後，一年級國語課怎麼上？〉

　　柯老師所有的學生、同事、工作夥伴，一定被不放棄的她這麼盧過，一切的努力，都是為了一個更美好的教育願景。期望所有本書的讀者，會像我一樣，在字裡行間，一再讀到那位溫和而堅持，講話輕輕柔柔的柯老師。

國立臺東大學特殊教育學系教授

曾世杰

搭起閱讀研究與教學的橋樑：
柯華葳教授的宏觀與微觀

　　寫序的心情通常交織著對於學術產出的喜悅跟斟酌表達的忐忑，而這次卻是瀰漫著沉重的感念，因為本書的誕生竟是作者柯華葳教授生命的終點。雖然兩者沒有必然的因果，但是時序如此相近的確會讓人不禁想問：為何她在生命最後時刻仍然念茲在茲堅持完成本書？

　　誠如作者在本書的前言也提及，單純就是她衷心認為台灣需要這樣的一本書，提供所有推動閱讀的夥伴掌握閱讀研究的面貌，使得大家不僅可以知其然，更可以知其所以然地往前精緻推進。她完成本書的信念堅定又明確，即使在進出 ICU 之際仍然殷殷囑咐，專業使命的牽掛實在令人動容，也是典範。

　　到底本書揭露了那些閱讀的神秘面紗與描繪了什麼樣的閱讀面貌？簡言之，作者主張閱讀的本質就是學習（見第六章）。不論基礎讀寫階段的「學以讀」是學習，成熟讀寫階段的「讀以學」也是學習，於是本書所有章節的都圍繞這個核心本質，並且透過兩個軸線展開更細緻的敘述。第一個軸線是發展路徑，除了主要的認知發展和語言發展的學理之外，尤其仰賴 J. Chall（1983）的閱讀發展架構；第二個軸線是「閱讀簡單觀點」（simple view of reading），它主張閱讀主要目的在於閱讀理解，而且由認字和語言理解的兩大因素共同決定，缺一不可。

　　於是，本書第一章開宗明義指出閱讀並非始於識字，語言發展的起點即進入閱讀能力的萌芽期，也闡明為何推動閱讀要從幼兒開始。後續的章節大致遵循「閱讀簡單觀點」的架構闡述，第二、三章分別敘述認字與理解的認知歷程與理論，第四章整理和閱讀有關的語言、認知與環境因素的文獻，第五章聚焦於眼動技術所帶來探討閱讀歷程的潛能，並且在字詞辨識、

語句整合、圖文整合與理解監控的議題取得長足進展，推進我們對於閱讀的認識。這些章節累積的知識釐清諸多閱讀困難的根源，也使得教育人員能有所本地開發評量與教學方案。最後，第六章則回到「讀以學」這個本質性議題，強調閱讀就是學習，學科領域的閱讀尤其可以彰顯專業學科知識的關鍵性，作者也特別警示其潛在的正反面功能，值得深思；勢不可擋的數位閱讀更衍生出新素養的概念，而判斷與統整多元訊息的能力便攸關著個體是否會受制於虛假訊息，這其實也是現代公民的思辨力，於是也開啟了未來閱讀研究與教學的新方向。

除了閱讀的認知與行為資料，作者更是在多處的議題納入相關的腦神經科學文獻，足以產生異法同證的效果，也彰顯出前瞻的學術精神。值得一提的是，柯老師精心的引用不少中文研究，年代新舊兼具，並在多處點出尚未得到中文研究驗證的理論構念（留待讀者細讀後自行找出），這是一種不盲從的嚴謹治學態度，也為學術研究的傳承做出最好的示範。本書許多的舉例採用文言文篇章，個人推測是作者精心的安排，旨在引導大家思考如何由當代心理學的理論看待文言文的閱讀。

很少有一本書可以用如此精簡的篇幅就能夠涵蓋閱讀的全貌，它道出了閱讀歷程的複雜性，揭示出成功的閱讀的確牽涉相當多的因素，幾乎需要動員讀者所有的認知機制才能達成，因此，我們不能把會讀視為理所當然，需要後天的教與學。本書也告訴我們，閱讀能力的成熟期程很長，自幼會經過多個階段，直到長大成人仍可持續精進，期待速成完全不切實際。而不同階段的閱讀運作，不僅認知歷程的屬性和複雜度大不同，處理的訊息內容與結構也大異其趣，在在需要有高度的專業才能設計出合適的教材教法。因應符號的樣態、訊息的載體、社會文明需求等因素的變化，我們對於學生閱讀能力的要求層次也漸次提升，由識字→理解→讀寫→素養，從而引領改變教育的大面貌，例如國家的課綱。總之，閱讀研究與教學不易只憑

一己的經驗與直覺就可以完全掌握，它幾乎和火箭科學（rocket science）一樣複雜與專業，閱讀師資的培育可以更上一層樓。

柯老師窮盡一生的學術歷練，咀嚼大量實徵研究之後，完全跳脫文獻的堆砌，轉化為她的架構與風格，信手拈來的舉例都是唯有沉浸於第一手實徵資料的研究者才能具備的細緻與入微。雖然全書以統整和教學的成分居多，每章末尾的圖文整合觀之，已經逐漸浮現一家之言。她清楚而簡潔說出重點，略有權威又帶有溫暖的期待，雖然她謙稱還不滿意，但是已經留下十分珍貴的知識遺產，等待後輩接棒！

本書適合閱讀的對象很多元，應該也是作者的原本設定，但是不同背景的人想要由本書學習的知識並不同，閱讀時遭遇的困難度也會有差異，因此讀者們有必要依據己身條件設定不同閱讀目的，進而採取適合的策略組合。例如缺少閱讀研究背景者可以先閱讀書末的「後語」獲得簡要的大結論，進而瀏覽各章節的目次，之後再進入閱讀各章。閱讀各章節時，也可以先擷取各節的小結論，每章的結論要搭配作者精心製作的圖整合出大架構，行有餘力再決定是否細讀各個小節的研究內容。而具有閱讀研究背景的讀者當然可以有多種彈性的閱讀順序，除了執行前述版本的加速版，也可依循原章節順序瀏覽之後再細讀，必要時善用參考書目按圖索驥，進行加深加廣的主題閱讀，更建議細細咀嚼特定開放性議題，慎思之後發展自己的深究題目。

本書的完成要感謝清華大學陳明蕾教授接手整理出最後的手稿，居功厥偉！

中正大學師資培育中心暨教育學研究所
曾玉村 敬筆

最後一哩路，有您們同行

華葳是我們的第一個孩子，帶給我們當父母親的喜悅，並經歷養育孩子生長過程的甘苦、成就感及失落感。

華葳一生致力於「學習與教學」、「閱讀研究」，樂此不疲，作事有始有終，貫徹到底。她長期的戮力工作，也忽略了自己的健康狀況。

遺憾的是，她最後的創作，也是一生心血的研討與總結，卻不能在手中完成到出版。

不過很幸運的是，華葳生前與她一起共同致力於閱讀研究工作的好同事、好夥伴、好團隊，承擔繼續華葳未竟的出版事宜。

在此，特別要感謝曾志朗院士，一直以來扶持幫助，關心教導，亦師亦友。

陳明蕾教授，華葳生前最親密且長久的同工、同伴，策劃本書的出版，從始至終付上全部的心力。

游婷雅老師，在華葳住院期間，特地前來病床邊，討論校正本書的內容，以及一些補充事宜。長久陪伴電台的廣播，關心許多共同的工作。

還有許多位或許我認識或不認識的老師、同事們，未能一一提名，請多包涵，在此從心底獻上無限的感激與感恩。

最後，更要感謝清華大學出版社的全力支援，以致本書能夠順利出版。

華葳雖未能親眼看到自己心血的發行，期盼本書能夠提供教育界賢達、青年學生、或對有志於閱讀學習者有些許貢獻或幫助，是我們的共同願望。

　　再次獻上無限的感恩，祝福平安喜樂。

　　最後附上華葳最喜歡的聖經金句：

　　以賽亞書五十五章 8-9 節：

　　「耶和華說：『我的意念非同你們的意念，我的道路非同你們的道路。天怎樣高過地，照樣我的道路高過你們的道路，我的意念高過你們的意念。』」

李清麗
2022/07/06

前言

文字是根鬚，緩緩深入生活土壤、記憶岩層，如小樹扎根於曠野沃地，隨時間而舒筋展骨，終於長成一團不可拔除、不可替代之濃蔭。我必須寫下，因巨大的愛總是夾帶恐懼。我害怕失去，故必須輸血。若有朝一日，災厄敲門，是我失去所愛或所愛失去我，我們還有地方重聚。是以，我全心全意以文字造屋，先時間一步。

——摘自簡媜，《紅嬰仔》，頁 264。

在與同好一起推動閱讀時，常被問及，有沒有閱讀這方面的書可以讀？閱讀相關的書很多，特別是操作層面，如教學、共讀、經驗分享等，因此心裡一直念著要寫一本關於閱讀研究的書，幫助更多人認識閱讀是百年來被研究最多，也是許多跨領域學者投入的研究項目之一。研究結果豐盛，帶出今日所謂有研究證據支持的閱讀教學、共讀等活動。

更重要的是，我自己讀許多閱讀相關文獻，發現與閱讀有關的認知因素、語文因素（或稱變項）真的很多，研究上也都發現這些變項與閱讀有密切關係。但是，這些變項間是什麼關係？最叫我好奇的是，認知發展和閱讀發展間的關係。由文獻來看，似乎是兩批研究者，一批研究認知發展，一批研究閱讀發展，但其間的關係是什麼？學者如 Karmiloff-Smith（1992）由表徵發展的角度，研究幼兒的語言覺識（第一章）是最接近整合認知和語言發展的研究，但她關心的還是認知發展理論。至於閱讀理論，可能是閱讀研究中最零散的。基本上研究者同意閱讀過程有「認字」和「理解」兩部分。這兩部分也是由兩批學者在研究。

在這本書裡，我嘗試將所讀到的文獻統整在一起，努力寫清楚，讓讀者易讀、易明白。到目前為止，自己尚不覺得滿意。

統整閱讀理論以及整合眾多研究的主軸是「背景知識」，不論是識字和理解，背景知識對讀者都非常重要。識字，是由已經認得的字，去認識新字詞。閱讀理解，更是脫離不了背景知識。這也是富者越富的基礎。有知識者透過閱讀產生更多知識，且產生監督自己學習狀況的能力。為什麼贏者通吃（winner takes it all）？因他有學習的知識和能力，這些知識和能力促成他更有效學習，良性循環、富者越富於焉展開。

全書由語言發展開始，因為閱讀就嫁接在語言上，由語言發展介紹閱讀發展。然後依閱讀發展，先介紹「識字」的研究與理論，再說明「理解」的理論與研究。前面提到有許多閱讀相關變項研究，在理解這一章之後，我將研究中常提到的變項，包括語言變項、認知變項和環境變項放在一起，嘗試說明這些變項間的關係及它們對閱讀的貢獻。而後，介紹眼動研究，因它可以回應前面幾章關於認字、理解和一些相關變項的關係。一路寫下來，肯定的是，閱讀就是學習。面對數位時代大量又多元的訊息以及過去閱讀研究者較少涉及的學科閱讀，正是讓閱讀充分發揮其學習力的時候。最後，摘要各章，提出結語。

　　書中有些訊息會重複，只是想把話說得清楚些，請讀者見諒。

參考資料

簡媜（1999）。*紅嬰仔*。聯合文學。

Karmiloff-Smith, A. (1992). *Beyond modularity: A developmental perspective on cognitive science. Cambridge,* MA: The MIT Press.

01

語言與閱讀

父親的小書房在樓下，陽光充足，四壁是書，他寫作時，只要我不吵，他肯讓我待在裡面。我有時削鉛筆，有時在紙上畫圖，……。書房裡總是一片煙霧，因為他不斷的抽煙，……。我對那氣味聞慣，覺得那是爸爸的一部分。

有一次我感到無聊，擠過去他膝邊，問：「爸爸，你在做什麼？」

他把煙斗從嘴裡拿下來，微笑地說：「寫作。」

「為什麼要寫作？」

「因為我有話說。」

「我也有話說！」

他停了停，望了我好一回，然後摸摸我的頭髮。「我們午飯吃什麼？你到廚房問周媽去。」他這樣趕我出書房。

不久之後，有天我跟他乘電車到城裡去，車廂擠滿了人，我們只好站在沒有遮欄的車尾，天氣酷熱，我擠在大人中間，周圍汗味迫人。後來一陣雨把別人趕到靠車廂那邊去，我透了口氣，雨淋我的臉，風吹著我散亂的頭髮，我覺得痛快得很。車子的搖顛，也使我更加高興，我似乎要飛到天上去了。

回到家裡，爸爸問我乘電車好不好玩？看見什麼？心裡又覺得怎樣？我嘰嘰喳喳的添油添醬的把開頭感到怎麼悶熱，後來涼風吹在我臉上的感受盡情傾吐。

「你記得那天你問我，為什麼要寫作嗎？我說因為我有話要說，你說你也有話要說。」看著我，突然認真起來，「要做作家，最要緊的，是要對人對四周的事物有興趣，比別人有更深的感覺和了悟。要不然，誰要聽你的話？……我注意到你剛才在電車上，站在車廂後面，雨淋風吹，你那痛快的感受，全表露在你的臉上。你何不把那種感受寫下來？那種真的感覺如果能描寫出來，就是好文章。」

——摘自林太乙，《林語堂傳》，頁 140-142。

　　學童讀出書中訊息的能力，是需要慢慢培養出來的，而它與幼年話語能力的發展有關係（劉惠美、張鑑如，2011；Nation & Snowling, 2004）。幼童在一歲或一歲半左右說出周圍大人聽得懂的詞彙，但一般要到三、四歲才能清楚指認字。有二歲半、三歲的小朋友拿起書來一字不差地讀並且翻頁，將整本書讀完，讓人驚訝，識字啊？若追問：「你現在讀到哪？」或問：「OO（故事中的主角）在哪？」幼童指圖畫，或指書頁某一點，說「這裡」，卻不是我們所預期相對應的文字或圖像。顯示幼童或許有「讀的行為」，沒有「讀的實質」。他以「過人」的記憶力，記住成人讀給他聽的內容，也記得什麼時候該翻書頁，且在有標點符號的地方停頓，展現完全閱讀的樣子，這可是來日將符號轉換成意義的重要樣子。

一、一切由語言開始

　　拼音文字的閱讀研究清楚指出，兒童的口語能力在學習閱讀上扮演重要的角色。三歲、四歲左右學齡前兒童的口語詞彙，與日後發展出來的聲韻覺識（phonological awareness）、唸名（naming）等認知能力，以及小學時的閱讀能力有關係。劉惠美與張鑑如（2011）整理台灣關於口語和閱讀能力的研究文獻，亦發現口語能力和閱讀能力之間，有一定的關連性，且閱讀困難或低閱讀能力學童的口語能力較一般學童明顯低落。張鑑如（Chang, 2006）曾追蹤三歲半幼兒的口語敘說能力至七歲半、十歲半並評量他們的敘說能力、詞彙定義、閱讀理解能力，指出學前幼兒的口語敘說能力和學齡階段的口語敘說能力、詞彙定義、閱讀理解有顯著的中度正相關，顯示學前的口語敘說能力和閱讀能力的發展有關係。我們肯定閱讀由語言開始。

發展心理學文獻指出，新生嬰兒聽力早於視力，一出生，即可分辨母親聲音且基於人臉及眼睛都帶溝通的線索，嬰兒會注視說話者的臉部，特別是眼睛。一個月左右嬰兒能分辨子音和外國語音，辨識韻律標記（prosodic markers），且連結發音與嘴部表情，如發音「o」和嘴部的形狀連結。若聲音和嘴型不一致，嬰兒會有驚訝的反應，如心跳加快、身體出汗等。八、九個月大，嬰兒能以韻律特徵（prosodic features）分辨一連串語音中的音節（syllables），漸漸，嬰兒分辨外語對比音能力減弱。研究者指出這是專注學習母語的時間點（Kuhl et al., 2003）（關於嬰幼兒語言發展請參閱黃淑俐翻譯《小小孩學說話》）。

腦專欄

大腦區塊間的連結

圖 1–1
閱讀時大腦區塊間的連結

布洛卡區與動作區（初級動作皮層）連結，與額葉連結，表示說話要計畫。維尼基區與感覺區（初級感覺皮層）連結，是吸收資訊區域，而它與視覺區（枕葉）連結，先為閱讀鋪路。

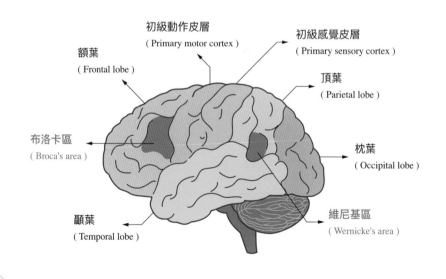

在分辨聲音過程中，嬰兒亦漸漸形成對周遭環境人、事、物的概念，開始形成知識的基本單位 - 基模（第三章將有說明），包括數概念、某些生物概念、力學概念以及空間概念（丘嘉慧、柯華葳，2014）。有概念搭配隨後學到的命名（表徵之一），可能重組基模中的知識，以繼續學習新事物、新命名，包括往後學習的各種符號，表徵更多概念，解決生活中的問題。例如四歲幼兒能根據簡單的地圖（表徵之一）找到物品的位置及方向（實體）；5 歲幼兒能找出各種位置、方向及距離的相對位置，七歲幼兒使用「左」、「右」指稱詞表示方向（丘嘉慧、柯華葳，2014）。雖幼兒在生活中很早接觸到「右手」一詞，但以左、右指稱空間需要一些時間，這反應「理解」和「語用」的差距。在發展上，我們常看到平均發展的數據，如七坐、八爬、九發牙，是為參照用，其中不乏個體間或同一類行為間的差異。在同 ·類行為中，還需要細分，例如，一般而言，名詞先於動詞，出現在幼兒口語中，但句式上「動作者與動作」很早就一起出現（程小危，1986）。

程小危（1986，1988），研究台灣幼兒語言發展追蹤一歲和一歲半幼兒，蒐集他們的生活語料一年，提出兩歲左右幼兒語句的共同性，包括：

1. 「動作者與動作」，如：媽媽打開、貓跳舞。
2. 「實體＋狀態、經驗、性質」，如：魚死掉。
3. 「動詞＋受詞」，如：媽媽穿鞋子、阿姨給你吃。
4. 「受詞＋動詞」，如：球丟掉。
5. 「引介或說明」，如：這筆、這個積木。
6. 「表示所有權關係」，如：我的玩具、黃阿姨包包。
7. 「與處所有關」，如：這邊坐、外婆坐轟美國去。
8. 「特質＋實體」，如：老虎大嘴巴。

此外，還有「要」與「不要」、「還要」及「還有」、「有」或「沒有」等用法。其中否定的「不」、「不要」、「沒有」在單詞期已經出現，「不要」比「要」先出現，且以「主詞、否定」形式出現最多，如「我不要」。接著使用否定詞「主詞、否定詞、動詞」，如「這個沒有修好」，和「否定、動詞、受詞」，如「不要關燈」。

疑問句方面，幼兒先使用疑問語氣句，如媽媽呢？接著使用疑問詞，而後出現 A 不 A 的疑問句型，如「有沒有好硬？」和選言式的疑問句，如「是吃的還是玩的？」幼兒提的問題可以顯示出幼兒的認知運作。例如，2 歲左右高頻率的使用「那是什麼」及「哪裡」，問題偏向命名與屬性。2 歲半開始問解釋性問題，表示他想認識外界表面、具體的現象。年紀較長幼兒則問較抽象的，像是功能和心智狀況等。

幼兒這些句式是幼兒繪本中常出現的句式。也就是說，此時與幼兒一起讀同齡繪本，他不會感到陌生。而這些閱讀的動作（或稱親子共讀）會幫助他逐漸找到口語符號和書面符號關係，為正式識字埋下種子。

再回到幼兒提出的問題。五歲左右，幼兒解釋性問題佔所有問題的 30％ 左右。且問的內容包羅萬象，包括命名、外表、屬性、量、功能、所有權、位置等。依國外研究，問句發展順序為：哪裡、什麼、誰、怎麼、為什麼、什麼時候，由具象，如哪裡、什麼、誰的，漸趨抽象且具層次。也就是說，隨著成長，幼兒的問題變得「不單純」，他所提出的問題可能不只是表面所要的答案。

　　以下一些事例可以進一步說明幼兒提問與認知運作，及所展現的認知複雜度。

1. 問爸爸：媽媽是不是柯家人？這是關於「包含」的疑惑。這問題背後反應幼兒知道全家姓柯，媽媽不姓柯。但媽媽是我親愛的家人。

2. 幼兒對叔叔說，你拿這麼多（指叔叔拿滿滿一盤自助餐的食物），你很餓？（對他人心智的推論）

3. 看到破了的杯子，幼兒問：「破了？」緊接問：「誰打破的？」「為什麼打破？」背後他想知道的是「你（媽媽）會怎麼處理打破杯子的人？」

4. 幼兒問媽媽：「為什麼你喝我的牛奶？」媽媽：「為什麼不可以？小氣。」或是「為什麼不可以？我是你媽，牛奶是我買的。」孩子一臉不滿，因為他透過問題宣稱自己對這一杯牛奶的主權，沒想到媽媽宣布「所有牛奶都是我買的」的主張，讓他氣餒。

5. 五歲小孩提出請求，被父母拒絕後，說：「這是我的希望，而已（加重語氣）」，或說：「我就知道你會這麼說」。這裡表現出來的他，不但認識自己的要求也清楚對方的想法，更知道直接或間接的表達自己的失望。

　　這一類屬於想他人所想、感受他人所感受的心智理論（theory of mind）問題隨著年齡增加比例增多。3 歲左右幼兒會使用心智詞彙，如：夢到，相信，記得等。使用心智詞彙是一個發展上重要的指標，表示個體可以用心智詞彙描述自己和他人的心智運作。研究上指出這些能力與閱讀能力發展有關（Kim, 2015, 2017）。

心智理論發展至極，是編故事，如下例。

6. 小姊姊上一年級，小三歲的妹妹，留在家中。有一天姐姐下課回來，妹妹衝到門口對著姊姊說，「姊姊，阿媽今天帶我去騎小馬喔。」姊姊第一反應：「騙人。」「真的，阿媽的朋友帶我們去。他把我放在小馬上，扶我騎。」（提出有證人）姊姊放聲大哭：「媽媽，我不要去上學了。你們都趁我不在家帶妹妹去玩。」表達抗議。姐姐被妹妹提出的虛擬證人說服。這也是讀物中常有的劇情。

二、語言發展和認知發展

由上述事例看到語言與認知搭配，由具象到抽象，到發揮心智理論，不過是短短幾年的事。

（一）詞彙快速擴展

在語言成長上，研究者都好奇為什麼幼兒學的快又學得多。研究指出，語言發展與認知發展有密切關係。幼兒腦裡似乎有一些學習策略來處理新語詞。例如給三歲幼兒看一個熟悉物如杯子及另一個不熟悉物，實驗者說：「找出拉物」。拉物是新名詞，幼兒會指不熟悉物為拉物。這是「相互排除限制」策略，大多數幼兒認為一個物件只有一個名稱（張顯達、彭淑貞，2000）。而當呈現兩張狗的照片及一張骨頭的照片給幼兒看。實驗者說：「看這一隻嘟嘟（指著其中一張狗的照片），找另一隻禿禿。」雖禿禿是新詞，幼兒會指另一張狗的照片而不會指骨頭的照片。這說明幼兒腦中對物體（物件）進行了比對和歸類，同一種類須有同樣命名。同類下若有新名稱，例如

當幼童已知物體命名,再聽到新命名,他分辨後學到如「貴賓狗」、「北京狗」等是不同狗的名稱。

大約第二年開始,幼兒的詞彙量就在認知能力搭配下,詞彙量快速增長(例:Bates et al., 1995)。這時詞彙的擴張還包括幼兒不斷以舊經驗命名新事物。例如,幼兒看見高樓建設使用的伸縮起重機呼叫「長頸鹿」的類化現象。此外,在擴展語言能力過程中,幼兒不只是發展聽、說能力及詞彙與概念,還發展出對語言的後設覺識(metalinguistic awareness,有翻譯為語言後設覺知)。本書稱後設語言覺識。

(二) 後設語言覺識

研究指出,在拼音系統中,17 個月的嬰兒理解及物和不及物所指稱的動作。27 個月,幼兒可以分辨有因果指稱的動詞, 如「Big bird is turning Cookie Monster」 和「Big bird is turning with Cookie Monster」之差別,顯然幼兒細查「with」所造成的語意差異。又如幼兒也覺察「giving to」和「taking from」的差異,可以從說者的角度分辨兩個主角間動作的關係(請參考《小小孩學說話》,Golinkoff & Hirsh-Pasek, 2002)。

Karmiloff-Smith(1992)提出,幼兒邊發展語言能力,邊發展出對語言的知識,如前述及物、不及物動詞,以及後設語言覺識。後設語言覺識,指個體對語音、語意、詞彙語法、語用有意識的分析與操弄,是一種對語言系統表徵的操作能力。後設語言覺識的研究範圍包括音素(phoneme)、語音(phonology)、詞素(morphology)、句法等。

Karmiloff-Smith 等（1996）以說故事方式，探討幼童是否有詞（word）的概念。研究者說故事，說到某處停下來，問孩子，「剛剛最後一個詞是什麼？」因是一串語音，孩子可能聽到 a norange 或是 isa，而不是清楚的 an orange 和 is a。孩子被問到的詞有內容詞和功能詞如 a。研究結果指出這樣的作業對六、七歲孩童來說不難，已出現天花板效應。對四、五歲幼兒來說，他們亦可以「斷詞」，如 sits at（聽到的是 sit sat）。在詞方面，雖四歲幼兒對內容詞的分辨優於對功能詞的分辨，但是對內容詞如 silence 和 arm 的正確率分別是 71.4% 和 50%，對功能詞 after 和 many 正確率分別是 64.3% 和 11.1%。而且，幼兒對有語意的功能詞如 when、under、after 的正確反應比其他功能詞好。所以，對功能詞的分辨不是整類功能詞的問題。如前面提過，一個類別中的行為不都是齊頭發展。這是我們談閱讀發展時也需要注意的。此外，幼兒對書寫符號也有認識，例如 80% 五、六歲兒童，選同一個字母反覆連續出現（如 PPPP）是「不能用來寫的」（not good for writing），但是連續數字（如 99999）則可以。因為連續的字母不構成意思（Karmiloff-Smith, 1992）。

對於符號的表徵及其用意，我們再以下事例說明學童的覺識。

小一生：「老師為什麼要我們先寫姓名、班級，現在又要把紙上的娃娃都剪下來？」這位小一學生的功課是在一張 B4 的紙上為娃娃和他的衣褲著色，然後一樣一樣剪下來，再幫娃娃穿衣服。他的這問題包括：

1. 名字是一種標記。
2. 寫名字表示這一份作業是屬於特定個體的。
3. 娃娃剪下來與姓名分開，所寫姓名無法達成標記作用。為什麼要寫？

這顯示兒童已經體會到符號表徵的功能與目的。

至於後設語言覺識，挪威有一個由六歲（兒童尚未接受閱讀教學）追蹤到九年級的研究。研究者給六歲的測驗有押韻、音素、詞素等覺識測驗，加上詞彙量和聽力理解的評量。研究者以驗證性因素分析（confirmatory factor analysis）得到這些評量都成為一因素 - 學前語言能力，而學前語言能力可以解釋一年級、二年級和九年級的閱讀成就（Lyster et al., 2020）。這再一次說明，學前雖沒有正式學習文字符號，但對語言的掌握，包括分析和操弄與日後閱讀發展有關係。

由幼兒語言發展可以觀察到，快速詞彙增加、語法（句式）成熟、語用適當，並發展出對語言的覺識，此外，如 Vygotsky（1978）所說，語言是思考、記憶、規範行為的工具，幼兒會自我練習以精進並在速度上提升。如上所說，幼兒有極好的記憶力，幾乎可以一字不漏的重複聽過的故事，也喜歡講故事與他人分享。說故事是一個組織經驗很重要的工作。故事中展現的能力包括詞彙、組織、詳細論述等，都在反覆的自我練習中，越發熟練。除了不斷的說，幼兒亦開始辨識環境上的符號，如認自己的名字，認商品標誌。這是學習符號的開始，也是閱讀的開始。

三、幼兒閱讀

為了研究幼兒的閱讀行為，但要避開他們以「記憶」方式呈現，沒有實質閱讀的行為，楊依婷（1993）採用一本當時市面尚未翻譯出版的外文幼兒繪本，保留圖畫，將文字翻譯成中文，請四歲至七歲的小朋友閱讀。楊依婷發現，小朋友的閱讀行為基本上可以分為：以圖為主（讀圖者）、以文字為主（讀文者）兩類。以圖為主者也認得一些文字，但問及：「你讀到哪？」他們指的是圖片而非文字。

（一）讀圖者

以圖為主者，若以其識字量與理解成績來區分，可再分四類：

1. 看圖命名

   幼童將書的每一頁視為獨立的圖畫，與下一頁之間沒有關係，翻頁時會跳著翻，他說故事的行為基本上是看圖命名，如指著圖片說小魚、花、大牛等。

2. 敘述圖片中的行為

   與看圖命名的幼童不同，在此，幼童描述圖片中主角的動作，但未組成故事，每一頁的行動是獨立的，與下一頁之間沒有關聯。

3. 看圖編故事

   幼童讓頁與頁間的行為有連續的關係，他說的內容有一個故事的形式，但他是看圖編故事，與書所要呈現的內容不一致。

4. 看圖說故事

幼童透過每一頁的圖畫組織故事，所描述的情節與書上的內容大致相似。

　讀圖的幼童都認得一些字，但基本上所使用的主要線索是書上的圖畫。看圖畫的幼童，前三類是依自己的想法解釋圖片，而看圖說故事的幼童則看出圖所要傳遞的訊息，我們可以說他「理解」圖意。

　以讀圖為主的幼童，以既有經驗和知識同化（assimilate）故事中圖的資訊，以自己會的方式命名、說故事。

（二）讀文者

　以文字為主者，依其認字多寡及理解程度也可以分為三類：

1. 讀字

小朋友逐字的讀，碰到陌生字則努力猜。我們可以觀察到他有「組字知識」，他在猜字上採用的線索是以「字」為主，如「每」天→母天，「草」地→早地，較少以「上下文」或以「聯想」為線索。這些小朋友在閱讀上很注意「解碼」，似乎忽略圖的線索。他們的理解表現比看圖說故事的小朋友差，一方面是他們讀的字有限，還不足夠理解全文；另一方面是因為他們太注意文字，沒有注意到圖所提供的理解線索。

2. 讀文與圖

小朋友讀文字也讀圖，但有一種特殊的現象是當他們遇到不認識的字的時候，他們停住，尋求成人的協助。他們算是小心的讀者。這反映的現象可能是他們知道某個字不認識，也覺察若唸出，可能會唸錯，因此他們不隨意猜陌生字。

3. 獨立閱讀

在此，小朋友猜字的策略多數是採「上下文」線索，如「急切」→「著急」、兩「遍」→兩「次」、方「式」→方「法」。透過閱讀，他們已掌握故事大意，因此猜生字時，雖不中亦不遠矣。這一類小朋友比「讀文與圖」的小朋友對閱讀更有把握，他們表現出閱讀歷程中由上而下與由下而上的互補、互惠行為（參見第三章）。

相對於讀圖的幼童以同化機制閱讀繪本，讀文的幼童已展現在文本和背景知識互動中的調節機制（accommodate），一方面達成理解，另一方面使用背景知識協助自己認識更多字。

（三）進入學校

入小學以後，學校和老師使用的語言與生活中用語不盡相同。學校正式教導文字、數字等符號以及符號所組成的學問。學生要學習學校語言，正因為那是各科學問使用的語言。學校語言有其格式（文體）、詞彙（學科用詞）及學科詞彙的組織邏輯。學校語言的詞彙，例如：物理的「電子」及電子郵件的「電子」、出現次數多寡的「頻率」和物理赫茲的「頻率」、數學的「分子」和物理的「分子」，相同的詞彙，在不同學科領域會產生不同的意義。語法如，數學、化學或是物理的公式，代表不同組織邏輯。生活詞彙與學校用詞的差異比較請見表 1-1。

表 1–1
生活語言和學校語言比較

場所	使用頻率	抽象程度	語用	思考	記憶
生活用語	高頻	具象	社交語：三角關係	生活層面思考，有經驗支持	事件記憶
學校語文	低頻	抽象	學術語：直角三角形	高層次思考，可能沒有經驗支持	語意記憶

　　幼兒詞彙增加有利閱讀，上學後，學科詞彙也要增加、學科語法、文體、原理、公式都要掌握，才有利學習各學科。就如口語詞彙的擴展，幼童自有方法，學習學校詞彙也有方法（Nagy et al., 1985），這將在接下來幾章中繼續說明。研究雖指出語言發展和閱讀有關係，研究亦指出，許多詞彙知識達水準的學生，不一定能透過閱讀理解學科文本（Snow, 2010）。這似乎符合小時了了，大未必佳的感概。基本上許多認得的字與詞，被賦予學科意涵後，在學科上下文中變成難詞，理解的難度增加（Nagy & Townsend, 2012）。

　　Zubrick 等（2015）以澳洲兒童長期資料庫（Longitudinal Study of Australian Children, LSAC）研究與兒童四歲至十歲讀寫發展有關的因素，包括圖畫詞彙測驗（施測者展示一張圖片，學生要由四個詞彙中找出哪一個最適合此圖片的意思）、教師報告學生的讀寫力、家庭各種變項如子女數、收入、父母親教育、語言背景，其中有一項稱「入學準備度」，包括學生描摹仿畫形狀、寫數字、畫自己的畫像、寫字母、寫自己的名字、寫一些字和寫一個句子。

研究分析發現，四歲時的入學準備度，可以預測十歲的低水準讀寫力（literacy），四歲的圖畫詞彙測驗分數低，十歲的學校成就（包括語言和讀寫成就）就屬低水平。五歲時的溝通能力與一般知識，和十歲的閱讀成就有關。研究者指出，學生的讀寫發展在進入小學以前就開始了，特別是對學前未掌握讀寫準備度的學生來說，更是重要。研究者指出，四歲、六歲的詞彙知識與十歲的詞彙知識相關相對弱，反而是八歲的詞彙知識預測十歲時的詞彙知識。研究者認為八歲、十歲的學生已進學校，漸漸脫離口語詞彙，在學校學習的讀寫詞彙，就是我們所謂的學校語言。這研究呼應上述所說，生活與學校有不一樣的詞彙，這正是受教育的目的之一，學習學科，擴展學科專業知識。關於學校語言或學科詞彙將於第六章繼續討論。

四、閱讀發展階段

美國學者 J. Chall（1983）曾將兒童學習閱讀的歷程分成下列五個階段，而這五個階段基本上又可分成兩大部分：學習讀的能力（learn to read）簡稱「學以讀」及透過閱讀得到知識（read to learn）簡稱「讀以學」。前者是學習如何閱讀，後者是透過閱讀，學到知識。Chall 提出由幼兒到成人閱讀發展的階段，顯示閱讀是一輩子都在學習的能力，或說是終身的功課。

（一）學以讀

學習如何閱讀，包括認識符號、習得書本概念、有閱讀的樣子、辨識符號、使用詞彙、語法、認識文體等。學以讀有零階段和兩個正式的階段。

階段零：稱零，指非正式的學習。幼兒學習，包括認識環境中的標誌，如街上、電視上的商標或符號，M（麥當勞）、MOMO（幼兒電視台）。在此階段兒童可以指認一些字，如大、小，及自己的名字。若家中進行親子共讀，幼兒有正確的書本概念亦認識書中一些字，但他無法藉所認得的字來閱讀。打開書本閱讀的時候，他們是以讀圖畫來理解書的內容，而他所理解的內容，是來自他腦中已有的故事，如幼兒閱讀一節所提「讀圖者」。換句話說，他以所知道的來解釋讀物。他會一直讀他所熟悉的故事，在反覆的閱讀中，穩固已知，包括書本概念、圖與文長相，以及不同符號的長相等。

階段一：這一階段的兒童開始辨認文字，碰到不認識的字，會依讀過的字所產生的「字的組織原則」來讀，但會產生很多錯誤。例如只讀字的一邊，如「礦」唸「廣」，或由字形的相似性來認字，如「地」唸「他」，「缸」唸「紅」。因這些錯誤，他不容易由閱讀中得到文章的訊息。基本上，他仍是以已知的知識來閱讀。

階段二：這一階段的兒童已認識不少字，可以很順暢的閱讀適合他程度的文章。但他主要是透過閱讀以更熟悉所認識的字及熟練識字的能力。因此，他還不算能由文章中吸取新知。閱讀對他來說，是幫助他肯定由聽與觀察所得的知識。

　　到此，學童認得許多字，算是獨立的讀者，只是閱讀對他來說，是用來穩固（consolidate）知識與能力的方法，就如學前幼童重複故事，反覆自我練習語言，使之更為熟練。

（二）讀以學

階段三：由此階段開始，兒童可以透過閱讀，獲取知識。但是他主要讀的是論點清楚或是只由一個角度、一個觀點敍述事情的讀物，他吸收的是事實，一些知識性讀物（informational materials）如百科全書，是他們此時最常接觸的讀物之一。

階段四：此時讀者可以閱讀有不同觀點的文章或是針對一議題以不同觀點書寫的多篇文章。讀者不但可以透過閱讀增加知識，也增加自己對一件事物有不同角度的看法。

階段五：此時讀者不但可以讀不同論點、觀點的文章，還可以分析、綜合及批判所讀的文章。他不但吸收新知，也利用已知來審閱新知，進而為自己所關心的議題選擇什麼要讀，什麼不要讀，以及如何去讀。

由閱讀發展階段，我們更清楚「學以讀」靠閱讀獲得閱讀能力。而達到「讀以學」的地步，更是要透過閱讀。有人以「富者越富」來說明閱讀能力的增長。簡言之，讀得多，不但知識增加，閱讀能力也增加，進而可以讀得更多。讀得更多，再增加知識與閱讀的能力，使再讀得更多，這是「富者越富」良性循環的寫照。相對的，不喜歡閱讀的兒童無法透過閱讀增加閱讀能力。閱讀能力不好，也就無法透過閱讀，順利的吸收知識，形成一個惡性循環。

前面提到幼兒口語詞彙發展迅速，書面詞彙發展也一樣快速。所謂「快」就是不能以正式的教學來解釋學生的學習成效，就是今日用語 CP（cost-performance）值高的意思。Nagy 等（1985）提供八年級學生兩篇文章，分別是說明文、記敍文

兩種文體，每一篇文章各 1,000 字左右，其中各有 15 個難詞（低頻、以及由低頻詞組成的複合詞，稱目標詞）。研究者未事先告知學生閱讀這些篇章的目的，但學生讀完每一篇之後需要做 15 個難詞的理解測驗，包括選擇題和口頭解釋。這些學生的閱讀理解和詞彙量百分位都在 70 以上，也就是他們有一般水準的閱讀能力。學生也接受與兩篇文章相關的背景知識測驗，但其中沒有文章中的 15 個目標難詞。Nagy 與同事（1985）發現無論哪一種文體，學生讀文章中出現過的目標詞，其詞義答對率都高於沒有在文章中出現過的詞。但，學生當中閱讀能力高者，對目標詞有較多背景知識者，正確率較高。這一個研究還推估，從閱讀文章中習得不認識詞彙的比例約在 .05% 至 11% 之間。研究者提出，基於要學習的詞彙太多（研究者估算中學生大約每千詞有 15 至 55 個陌生詞），不能靠一詞一詞的教學，是有所謂的偶發性學習（incidental learning）。中國舒華（Shu et al., 1995）進行美國、中國的跨語言比較，探討中文是否也有閱讀中偶發性學習的現象。研究者發現小學三年級、五年級的學生在閱讀記敘文後，美國學生約習得 10% 的陌生詞，中國的學生習得約 8% 的陌生詞。就如語彙的發展，不是靠一詞一詞被動的學，學習者有方法，不是透過「教學」快速習得新詞彙。至於是什麼方法，將在第二章進一步說明。

五、環境與語言及閱讀發展

（一）口語環境

　　如本章一開始介紹林太乙與他父親 - 林語堂先生學習寫作的例子，造就林太乙日後也成為作家並擔任中文讀者文摘總編輯多年。所謂龍生龍，鳳生鳳，老鼠的兒子會打洞，似乎講的是遺傳。但是龍、鳳、鼠各給自己孩子布置的環境，讓它們在其中經歷與練習，是教育不可忽略的力量。環境同樣影響幼兒詞彙發展，進而影響其閱讀能力發展。幼兒口語能力和詞彙量與語言環境上詞彙的多寡與品質有關（Hart & Risley, 1995）。Liu 等（2003）指出 6-8 個月母親發音的清晰度與嬰兒辨音有關。後設分析文獻提出，隨幼兒年紀成長，父母的語言品質也有所改變。例如父母反覆使用同一詞彙（repetition of words）可以預測嬰兒的詞彙學習，但年紀漸長，父母使用較複雜多樣的詞彙（vocabulary diversity and sophistication）而不只是重複同樣的詞彙，才能預測兒童的詞彙成長。同樣的，在概念層次上，成人談論現在、目前的議題（here and now）有利於嬰兒學習語言，但對學前幼兒則以抽象議題（abstract topics）且有議題範疇的對話（contextualized talk）有益於他們的語言學習（Rowe & Snow, 2019）。

（二）親子共讀

　　在環境條件上，有一因素是目前中外研究都肯定，且倡議要認真執行的就是親子共讀（Lawrence & Snow, 2011）。親子共讀包括家中童書數量、平均每一星期一起唸書次數和每一次唸書的平均時間。台灣幼兒長期追蹤資料庫資料顯示三歲幼兒家庭中，每週共讀 1-3 次者佔 37.7%，每天至少一次者有 17.3%，幾乎沒有或是沒有共讀的家庭佔 32.4%。每一次共讀在 20 分鐘內的佔 68.9%。家中童書數量在 30 本以內者接近六成。這三項都與父

母親教育程度、家庭收入等家庭社經地位指標有正向相關。但關鍵是，親子共讀對幼童記憶力、語言表達、讀寫萌發、情緒能力等有極高解釋力，而家庭社經地位是透過親子共讀解釋幼兒上述各項的發展（林佳慧、劉惠美、張鑑如，2019）。也就是說，共讀對幼兒發展有直接影響力，社經地位則是透過共讀，對幼兒發展有間接的影響力。其實一直到小學階段，例如四年級仍有此趨勢，就是家中藏書量，不論是兒童書籍或是成人書籍，還有學生課外閱讀的時間和學生的閱讀興趣、閱讀能力自我評價和閱讀成績都有關係（柯華葳、詹益綾，2013）。

腦專欄

聽故事的腦

圖 1-2

聽故事的腦，在不同區域同時活化

聽故事不只語言區被啟動，感覺區、動作區和情緒區都因應故事的情節被啟動。這說明腦對外界訊息活潑的回應，也說明聽者（在此是成人聽者）對故事情節的區辨與反應。我相信幼童聽故事時的腦一樣如此活潑的回應著。

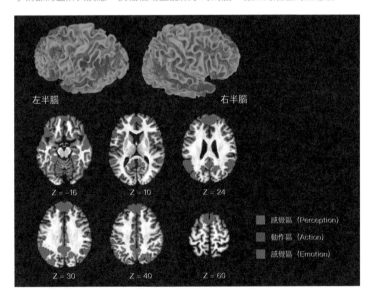

左半腦　　　右半腦

Z = -16　　Z = 10　　Z = 24

Z = 30　　Z = 40　　Z = 60

感覺區（Perception）
動作區（Action）
感覺區（Emotion）

取自 Chow et al. (2014)

國外研究指出不只是家中藏書量和親子共讀對幼兒發展有影響力，因書的性質不同造成母親（平均有高中教育程度）為四歲幼童朗讀時有不一樣的提問和對話方式。讀故事繪本，母親多推論性的問題，如接下來會發生什麼？為什麼主角不快樂？讀概念書（concept book），母親多事實性問題，如這是什麼？貓頭鷹在哪？概念書幫助幼童習得命名、但少了發展敘事能力的機會，這正是研究者觀察到的現象（Luo et al., 2019）。因此，家中不只要有書，要有不同內容和文體的書對幼兒概念發展有幫助。

　　為什麼早期閱讀重要？研究人員給四歲幼兒說明文和故事繪本內容，都在描述青蛙的皮膚顏色與如何避開被鳥吃掉，主要在闡述「偽裝」概念（Ganea et al., 2011）。說故事前進行前測，檢視幼童對偽裝的先備知識，看看幼童是否認識此概念。研究者讓幼童指認偽裝毛毛蟲和未偽裝毛毛蟲，哪一隻會被鳥吃掉，並問為什麼。然後讀青蛙故事給幼童聽，其中的圖片是實景的照片。聽完故事進行後測。研究者先以不同顏色青蛙（咖啡色、樹蛙）和蝴蝶，問幼兒在不同背景下，誰會被鳥吃掉。研究者也以真實動物（蜥蜴和螃蟹）檢視幼兒是否由故事書上習得的概念轉移到真實世界，而後再以沒有動物的居住地（如蜥蜴住的沙地但沙地上沒有蜥蜴）問哪一個不會被吃掉。研究結果確認，幼兒由書中學到的概念可以遷移到真實情境中。研究再次肯定早期閱讀可以增加幼童的世界知識。

　　本章旨在說明閱讀的基礎是語言發展。豐富的語言環境不只有利幼兒語言發展亦有利閱讀發展。透過親子共讀，更促進幼兒各方面的發展（如圖 1-3）。文中提到語言後設覺識、詞彙量在接下來幾章都會再提到，特別是詞彙發展一直和閱讀有密切關係，直到有一天⋯。

圖 1–3
豐富的語言環境預備幼兒學習閱讀

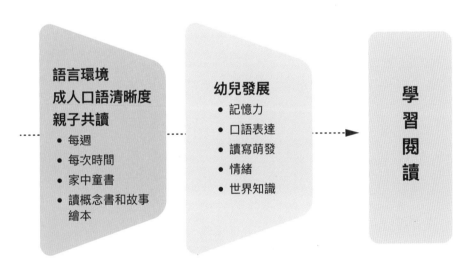

丘嘉慧、柯華葳（2014）。幼兒科學及數概念發展研究回顧。*應用心理學研究*，*61*，153-202。

林太乙（1989）。*林語堂傳*。聯經。

林佳慧、劉惠美、張鑑如（2019）。家庭脈絡下的親子共讀與幼兒發展關係 - 台灣幼兒發展調查資料庫的應用與分析。*教育心理學報*，*51*（1），135-159。

柯華葳、詹益綾（2013）。書與閱讀。*國家圖書館館刊*，*1*，37-49。

張顯達、彭淑貞（2000）。雙語類型與詞彙學習策略的關係。*漢語研究*，*18*，425-442。

程小危（1986）。習國語幼兒最初與法規則之本質及其可能的學習歷程。*中華心理學刊*，*28*（2），3-122。

程小危（1988）。「不」跟「沒有」- 習國語幼兒初期否定句發展歷程。*中華心理學刊*，*30*（1），47-63。

楊依婷（1993）。*幼童閱讀行為研究*（未出版之碩士論文）。國立師範大學。

劉惠美、張鑑如（2011）。口語和閱讀關聯性研究之文獻回顧與展望。*教育心理學報*，*43*（S），251-268。

Golinkoff, R.M., & Hirsh-Pasek, K. （2002）。*小小孩，學說話*（黃淑俐譯）。信誼基金出版社。

Bates, E., Dale, P., & Thal, D. (1995). Individual differences and their implication for theories of language development. In P. Fletcher and B. MacWhinney (Eds.), *The handbook of child language* (pp.96-151). Blackwell. https://doi.org/10.1111/b.9780631203124.1996.00005.x

Chall, J. S. (1983). *Stages of Reading Development*. McGraw-Hill.

Chang, C. J. (2006). Linking early narrative skill to later language and reading ability in Mandarin-speaking children. *Narrative Inquiry*, *16*(2), 275-293. https://doi.org/10.1075/ni.16.2.04cha

Chow, H-M., Mar, R., Xu, Y., Liu, S., Wagage, S., & Braun, A. (2014). Embodied Comprehension of Stories: Interactions between Language Regions and Modality-specific Neural Systems. *Journal of Cognitive Neuroscience*, *26*(2), 279–295. https://doi.org/10.1162/jocn_a_00487

Ganea, P., Ma, L., & DeLoache, J. (2011). Young children's learning and transfer of biological information from picture books to real animals. *Child Development, 82*(5), 1421-1433. https://doi.org/10.1111/j.1467-8624.2011.01612.x

Hart, B., & Risley, T.R. (1995). *Meaningful differences in the everyday experience of young American children.* Paul H. Brookes Publishing Company.

Karmiloff-Smith, A. (1992). *Beyond modularity: A developmental perspective on cognitive science.* The MIT Press.

Karmiloff-Smith, A., Grant, J., Sims, K., Jones, M-C., & Cuckle, P. (1996). Rethinking metalinguistic awareness: Representing and accessing knowledge about what counts as a word. *Cognition, 58*, 197-219. https://doi.org/10.1016/0010-0277(95)00680-X

Kim, Y-S. (2015). Language and cognitive predictors of text comprehension: Evidence from multivariate analysis. *Child Development, 86*(1), 128-144. https://doi.org/10.1111/cdev.12293

Kim, Y-S. G. (2017). Why the simple view of reading is not simplistic: Unpacking component skills of reading using a direct and indirect effect model of reading (DIER). *Scientific Studies of Reading, 21*(4), 310-333. https://doi.org/10.1080/10888438.2017.1291643

Kuhl, Tsao, F.-M., & Liu, H.-M. (2003). Foreign-Language Experience in Infancy: Effects of Short-Term Exposure and Social Interaction on Phonetic Learning. *Proceedings of the National Academy of Sciences - PNAS, 100*(15), 9096–9101. https://doi.org/10.1073/pnas.1532872100

Lawrence, J., & Snow, C. (2011). Oral discourse and reading. In M. Kamil, P. Pearson, E. Moje, & P. Afflerbach (Eds.), *Handbook of Reading Research*, (Vol. IV, pp.320-338). Routledge. https://doi.org/10.4324/9780203840412

Liu, H.-M., Kuhl, P., & Tsao, F.-M. (2003) An association between mother's speech clarity and infants' speech discrimination skills. *Developmental Science, 6*(3), 1-10. https://doi.org/10.1111/1467-7687.00275

Luo, R., Tamis-LeMonda, C., & Mendelsohn, A. (2019). Children's literacy experiences in low-income families: The content of books matters. *Reading Research Quarterly, 55*(2), 213-233. https://doi.org/10.1002/rrq.263

Lyster, S-A., Snowling, M., Hulme, C., & Lervag, A. (2020). Preschool phonological, morphological and semantic skills explain it all: Following reading development through a 9-tear period. *Journal of Research in Reading, 44*(1), 175-188. https://doi.org/10.1111/1467-9817.12312

Nagy, W. E., Herman, P. A., & Anderson, R. C. (1985). Learning words from context. *Reading Research Quarterly, 20*(2), 233-253. https://doi.org/10.2307/747758

Nagy, W., & Townsend, D. (2012). Words as tools: Learning academic vocabulary as language acquisition. *Reading Research Quarterly, 47*(1), 91-108. https://doi.org/10.1002/RRQ.011

Nation, K., & Snowling, M. (2004). Beyond phonological skills: broader language skills contribute to the development of reading. *Journal of Research in Reading, 27*(4), 342-356. https://doi.org/10.1111/j.1467-9817.2004.00238.x

Rowe, M., & Snow, C. (2019). Analyzing input quality along three dimensions: interactive, linguistic, and conceptual. *Journal of Child Language, 47*(1), 5-21. https://doi.org/10.1017/S0305000919000655

Shu, H., Anderson, R. C., & Zhang, H. C. (1995). Incidental learning of word meanings while reading–A Chinese and American cross-cultural study. *Reading Research Quarterly, 30*(1), 76-95. https://doi.org/10.2307/747745

Snow, C. (2010). Academic language and the challenge of reading for learning about science. *Science, 328*, 450-452.

Vygotsky, L. (1978). *Mind in Society: The Development of Higher Psychological Processes.* Harvard University Press. https://doi.org/10.2307/j.ctvjf9vz4

Zubrick, S., Taylor, C., & Christensen, D. (2015). Patterns and predictors of language and literacy abilities 4-10 years in the longitudinal study of Australian children. *PLoS ONE, 10*(9), e0135612–e0135612. https://doi.org/10.1371/journal.pone.0135612

02

認讀中文字

對我而言，課本裡的中文字一直是不可捉摸、奇形怪狀的黑色線條，它們飄入我的腦海裡，又飄出來，讓我想起一些武斷、誤導性的影射。它們是圖畫，而不是字：當我看著「长」（長）這個字，我就想到英文字母K，而第二十七個部首：「阜」，讓我想到英文字母B，或者一把掛在牆上的斧頭。「大」看起來像一個人正在做跳躍運動，「点」（點）是一隻帶著旗子爬過書頁的蜘蛛。

　　　　　　　　——摘自海斯勒，《消失中的江城》，頁80。

　　學習英文時，我們要背單字（word），word 本意是詞，因此我們是背英文詞彙，字是 character。但為不造成讀者已經習慣 word 為單字的概念，本章拼音文字的 word 還是稱「字」。但在不同研究中因應作業需求，研究者稱 word 為詞，如詞優效用。文中會特別註明。不同的研究者對閱讀歷程有不同的解釋，但所提出的模式基本上都包括認字（word recognition）和理解（comprehension）。認字又稱解字（word decoding）或字的指認（word identification），包括了字形辨識／字母辨認（拼音系統的 letter recognition）、字音辨讀／命名（phonetic activation / word naming）及字義搜尋（semantic encoding）（Perfetti, 1985）。

腦專欄

辨識文字的大腦

圖 2-1
腦與閱讀

上一章提到腦裡的維尼基區和布洛卡區負責接受與傳遞訊息。學習閱讀後，視覺區（枕葉）吸收視覺訊息，在視覺與顳葉間形成一個 visual word form area（VWFA，視覺文字辨識區），處理文字（Dehaene, 2009）。

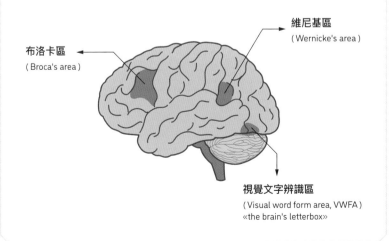

布洛卡區
（Broca's area）

維尼基區
（Wernicke's area）

視覺文字辨識區
（Visual word form area, VWFA）
«the brain's letterbox»

一、認字歷程

認字包括：字形辨識、字音辨讀和字義搜尋，三種歷程（Perfetti, 1985）。

（一）字形辨讀

根據拼音文字的研究，字形的辨認可能有三個途徑。一是全形的指認。一是分析字母而後形成整個字的認讀。第三個是上述兩種途徑交互運作，直到認出字來。

（二）字音辨讀

在拼音文字閱讀研究中，關於如何讀出字音有四種說法：

1. 直接觸發說。當讀者覺知到字形，直接在心理辭彙庫（mental lexicon）提取「整個字音」。因此，唸「字」所需要的時間短於唸「假字」所需要的時間。假字是符合造字規則的字，但不存在於心理辭彙庫裡。因此直接觸發說不能解釋為什麼讀者能拼唸不在心理辭彙中的「假字」，如 shelm。

2. 形素 - 音素對應規則說（grapheme-phoneme correspondence rules）。讀者先分析字母串的形素，而後找出其所對應的音素，例如 rich 只有三個音素，將此字母串拼唸出來。此說可解釋為什麼可以拼唸「假字」卻不能說明為什麼「假字」拼唸時間會長於「字」的拼唸時間。

3. 雙重歷程說。此乃針對上述兩個說法的不足，合併的說法。

一般常見的規則（regular）字如 blink，經由直接觸發唸出字音。不規則（irregular）的字如 yacht 或假字，則由形素 - 音素對應找出音來。

4. 類比說。此為雙重歷程概念的另一種說法。不論真字或假字，都使用相同的知識來源。字形觸發心理辭彙庫中各種鄰近或相似形與音的訊息，而後綜合（synthesis）最合適的音來。當一個字有多種可能的唸法時，因觸發的層面廣，它所需要的時間會比只有一種唸法的字要長。這就引出字的一致性（consistency）效果。若字母序列的拼音有一致性，其唸出來所花費的時間少於不一致拼音的字母序列。例如唸 jade, lade, wade 比唸 wave、have 快，因為「ade」不論前面接什麼字母，唸法皆一致。

（三）字義辨識

研究中最常提出的字義辨識途徑有兩個：一是直接在心理詞彙庫取得。一是經過語音轉錄而獲得。基本上，心理詞彙庫在認字（word）上扮演關鍵角色，心理詞彙庫裡有的，不論字音、字義都可以直接提取。這說明為什麼詞彙量與閱讀理解有關係。詞彙多，提取快，閱讀理解也較順暢。詞彙庫裡沒有的詞，則依形音規則或是透過類比，先唸出語音，再提取字義。

這些認字途徑的假設都是由研究拼音文字的唸讀發展出來的。中文字的辨識研究在此根基上也有相當豐富的文獻，雖中文字與拼音文字結構上很不一樣，但目前的研究結果，兩類文字的認字歷程是相似的（Rueckl et al., 2015）。下一節將逐一介紹。

二、中文字研究

（一）中文字形辨識

　　拼音文字閱讀時，有所謂的詞優效果（word superiority effect），指的是在瞬間辨識一個呈現在詞（word）中的字母（letter），比辨認單獨出現或在無意義詞中的字母，來得容易；且辨認在假詞中的字母，也比在非詞（拼不出來的詞）中的字母快。此外，在高頻率詞中的字母，比低頻率詞中的字母，容易辨識，不論詞的特徵是否改變，如 word 寫成 WoRd。頻率指的是出現的次數，高頻率詞讀者看過的次數較多，較熟悉，較有經驗。換句話說，字詞的辨識與學習經驗與熟悉度有關。因此，初學識字者對字形上的變化如藝術字的辨識有困難，一旦熟識字以後，各種字形不再是認字的困擾。不過，對於閱讀名家草書，除非熟悉上下文，成人都有困難辨識，因為那是書法家個人的藝術創作了。

　　相對於拼音文字的字母，中文字由部件組成，其中部首指義，聲旁指音。鄭昭明（1981）配合有意義的字，刻意的安排字的部件成為假字與非字。假字是符合中文部件空間位置的字，如根、陀、絨。非字是違反部件組合規則如馰、敊。由於中文字比較接近英文的詞素（morpheme，最小且有意義的單位），而中文詞略等於英文的 word，因此研究中文是否有字／詞優效果時，鄭昭明也採用詞為單位，配合有意義的詞，組成無意義的非詞，如「畢黜」、「牛有」為研究材料。鄭氏在兩個實驗中分別呈現詞、非詞和字、假字、非字。此外，他還考慮字的出現頻率和筆畫數。這些變項一起組合成為刺激材料，呈現 6.6 毫秒（一秒有 1000 毫秒）給大學生讀，讀後，

要他們在兩個項目上選一個自己認為是看過的。研究結果指出中文字（詞）有字／詞優效果，也就是在辨識率上，詞，優於非詞；字，優於假字和非字。字優和詞優效果指出，即使在很短暫的時間內，經驗（熟悉度）是影響字詞辨識的重要因素。

對於字／詞優效果的研究，有研究者提出異議。他們以為過去的認字研究，呈現的單字（詞）時間太短。根據眼動研究，閱讀時，雖不同詞（words）會有不同的眼球凝視時間，每詞平均的凝視時間是 250 毫秒（柯華葳等，2005；Just & Carpenter, 1980；Rayner, 2009）。此外，過去以字為單位的作業要求也不合乎日常閱讀狀況。因此，陳烜之（1984）改用含有錯字的文章為材料，請大學生邊讀邊將文章中有錯誤的字圈出來。陳氏以句子呈現詞與非詞，其中並有高、低頻率詞的區別。結果，由反應時間來看，非詞長於詞，低頻詞長於高頻詞。由偵測失誤率（沒有找到錯誤的比例）來看，非詞高於詞；但高、低頻詞之間沒有顯著差別。陳氏的研究再次表示認字時有詞優效果。

綜合上述的研究結果，我們接受中文字詞和拼音文字一樣，都有字／詞優的效果。熟悉的字（詞），包括字部件在熟悉的字中及字在熟悉的詞中，較容易被辨識。這些研究指出一個假設，認讀字（詞）與背景知識有關，包括有中文字的組字知識（orthographic knowledge）。組字知識指對中文字組成方式的認識。有組字知識才能以部件認字或是猜字。

葉素玲與同事（葉素玲等，2004；Yeh et al., 2003）曾以系列研究探討熟悉中文字的台灣大學生、小學生、幼兒園學生以及不算認識中文字的長者和日本學生與美國學生，檢視他們分類中文字的方式。作業的要求是「將長得像的國字分在一堆」。葉氏等研究結果指出，認識中文字的經驗幫助讀者以字的結構分類。結構包括垂直結構（季、密）、P 型結構（府、屏）、包圍結構（國、閒）、水平結構（怕、跌），和 L 型結構（還、遣）。大學生以結構分類，小學五年級學生接近以中文字結構分類，不熟悉中文字的美國學生和不識字的長者依字形視覺上的相似性，如將閒、腳等歸成一類，因這些字裡面有「月」。

葉氏和同事在研究過程中發現，因小學生開始識字，分類過程中會受字義的影響，特別是部首所表的意思，然如「忠」和「怕」都歸一類，因有「心」部。大學生知道作業的要求，在作業處理過程中，將因字促發的意思（字義）壓下，而不影響其字形的分類。這些過程在在顯示背景知識對識字的影響，包括小學生用部首分類。

（二）字音與認讀中文字

中文字中形聲字大約佔所有字的 80%-85%（Shu & Anderson, 1997；Shu et al., 2003）。形聲字指字中有一部件可以提供發音的訊息，如芬、紛、氛、棻、酚，都可以讀「分」。方聖平和同事（Fang et al., 1986）探討中文字的發音功能與一致性效果。方氏等整理中文形聲字，依聲旁與其他字部件在一起發聲的一致性，將形聲字分為規律一致組、規律不一致組和不規律不一致組。規律，指字的發音由其所擁有的聲旁來決定。一致性，指的是這個聲旁不論配合任何部首，唸法都與

聲旁的發音一致，如表、錶、裱、婊、俵、錶皆唸「表」音，是規律且一致。方氏等要求受試大學生儘快唸出所呈現的字。實驗一是三類字每類一個，形成一組字。受試者要三個字都唸對才接受其反應時間。實驗亦依聲旁一致性高或低，編製出假字，看一致性效果是否仍然存在。研究結果發現，規律一致性字的反應時間最短，其他兩類字則沒有差別。高一致性聲旁假字，被唸出來的音與聲旁有 95% 的接近程度。其中一致性聲旁假字，被唸出來的音與聲旁有 89% 的接近程度，低一致性則只有 43% 的接近程度。顯然中文字的閱讀與拼音文字一樣有一致性的效果，且大學生知道某些聲旁可以直接借用來發字音，某些聲旁則要比較保守的借用，因為會錯用。方氏等分析學生所犯錯誤，大多數為語音混淆所造成的錯誤，餘為字形混淆造成的錯誤。這和李佳穎與同事（Liu et al., 2011）分析 4,100 筆大學生唸錯音的字，其中 76% 錯誤是因音近而起的，46% 因字形接近，26% 錯誤則包括音近與形近的結果接近。這也與柯華葳與吳嘉芬（Ko & Wu, 2003）研究小學二至五年級學生結果相似。

柯華葳與吳嘉芬設計視覺上、語音上，接近與不接近的中國詞，如恐怖、恐佈（形近、音近）、恐怖、恐步（音近、形不近）、恐怖、恐芽（音形皆不接近），讓小學生判斷哪一個是真詞（lexical decision task）。結果顯示形近、音近的字，包括部首一樣但聲旁不同的字，都容易讓學生犯錯。但基本上二、三年級較四、五年級學生易犯同音錯誤（即使形上很不同，如以「恐步」為真詞），顯示語音是學童認字的一條路徑。

近年研究，包括腦研究更清楚看到語音處理是閱讀中文必要的一部分（Kuo et al., 2004； Lee et al., 2004）。雖中文字多形聲字，但是中文字的「形－音」對應不很強，聲旁不一定可靠，大約只有23%-26%的字可以透過聲旁唸出正確的字音（鄭昭明、陳學志，1991）。然，在大多數中國字是形聲字以及讀者認讀中文字所犯的錯誤以字音為大宗的情況下，我們肯定中文字的字音在閱讀中文字時扮演關鍵的角色。

（三）聲韻覺識與中文閱讀

在拼音文字研究中，音素覺識（phoneme awareness）和聲韻覺識（phonological awareness，亦稱語音覺識）與閱讀關係密切。音素覺識指的是對語音最小單位的表徵（representation）與操弄（manipulation）。例如 CAT 有 k/æ/t 三個音素。拼音文字環境中的孩童必須掌握對音素的操弄，如要知道 pink 去 p 是 ink 或是 pin 去 p 換上 b 是 bin，閱讀拼音文字時才不至有太大的困難。英文閱讀相關研究提出聲韻覺識可以預測英文閱讀能力，其操作型定義包括加添、刪減及混合音素的能力，也包括覺知韻母（riming）與頭韻（alliteration）的能力。研究上較常使用的包括挑出異音（oddity out）、數出音素（phoneme counting）、刪去音素（phoneme deletion）、音綜合（即拼音，phoneme blending）等作業（李俊仁、柯華葳，2009）。作業上常以假字音、假字和假詞為評量聲韻覺識能力的題目，以避免因熟悉而測不出所謂的覺識。

中文語音基本單位是音節（syllable），不意味我們閱讀時不需有音的覺識，因為中文閱讀如上所述，仍有語音介入，但我們的語音單位不是音素，因此我們不稱音素覺識，稱聲韻覺識。在台灣我們以注音符號表徵字音，因此研究聲韻覺識

時，主要在檢視學生掌握與操弄注音符號的能力。研究者指出聲韻覺識與閱讀中是有關係的（李俊仁、柯華葳，2009；Huang & Hanley, 1995）。

中文聲韻覺識題目例：

1. 找出異音：ㄏㄚ、ㄔㄨ、ㄏㄤ（ㄔㄨ為異音）
2. 刪去音首
    • ㄅㄧㄡˋ（ㄧㄡˋ）
    • ㄎㄠˊ（ㄠˊ）
    • ㄎㄧㄤˇ（ㄧㄤˇ）
3. 唸出拼音（假音）
    • ㄅㄧㄡˋ
    • ㄎㄠˊ
    • ㄎㄧㄤˇ

上面提到在台灣聲韻覺識的發展與注音符號學習有關係（柯華葳、李俊仁，1996）。注音符號的設計是為輔助學習中文字，是一個媒介。透過認識 37 個注音符號以及使用這些符號拚出字音，以唸出國字。柯華葳和李俊仁（1996）追蹤初入小學的學生學習注音符號與國字直到二年級結束。研究結果指出，認注音符號及拼音的成績，與認國字的成績有顯著相關，也就是說，辨認注音符號與拼音的正確率愈高，辨認的國字數量也愈多。但是這個關係隨著學童識字量增加而降低。這很可能表示認注音符號與拼音能力只在初學識字時有幫助。隨著識字量的增加，學童發展出辨識中文字的方法與能力，如組字知識，也發展出閱讀的能力，使得認注音符號對學習國字的重要性漸漸降低。

上述這筆研究對教育的意涵是，學習注音符號對認識國字是有幫助的，但對於學習注音符號有困難的學童來說，他們可以直接認讀國字，就像沒有注音符號以前的學習者以國字認國字一般。

整的來說，雖然聲韻覺識是學習拼音文字必要條件，在中文研究中，聲韻對閱讀發展也扮演不可或缺的角色，但它的重要性，隨年級增長，逐漸減弱（柯華葳、李俊仁，1996；Tzeng & Lee, 2012）。我們可以由發展角度會再次檢視聲韻覺識在中文閱讀中扮演的角色。

謝燕嬌（2003）的研究針對國小一年級到六年級學生，測試不同年級學生在聲母辨識、韻母辨識、三拼結合音（如ㄆ一ㄣ）及聲調的能力。她的研究中，每一項都有十個題目。結果發現（參考表 2-1），聲母辨識、韻母辨識及聲調等三方面的能力，一年級學生明顯較低，但二到六年級學生就都沒有差異。至於三拼結合音的表現，仍會隨著年級愈高表現愈佳的趨勢。換句話說，與聲韻覺識有關的認知表現，除了拼音且是三拼的結合音之外，似乎沒有什麼發展空間。或者可以說，聲韻覺識相關的認知能力，學生會了就會了。

表 2-1
一至六年級學生綜合音與聲調表現

年級	結合音平均 (最大值 10)	聲調平均 (最大值 10)
一	7.03	8.01
二	7.45	8.45
三	7.85 三 > 一	8.26
四	7.57	8.46
五	7.70	8.52
六	8.02 六 > 一	8.48

註：本表只取結合音和聲調成績，因曾世杰等（2005）曾提出聲調與閱讀理解有關係。

反觀識字，有成長空間。表 2-2 是洪儷瑜和同事（2008）測試和估計小學一年級至國中三年級（九年級）學生的識字量。由表中看到小學一、二、三年級的平均識字量幾乎是倍數成長，四、五年級則平均每年增加五百字，之後，增加數量不多，九年級又是一個躍進（見表 2-2）。識字發展說明兩個現象，一是識字量隨年級增加可以看出與閱讀發展階段是相當接近的。小學三年級以前擴充識字量，三年級達脫盲標準（王瓊珠等，2008；黃富順、林振春，1994），四年級時，大約有 2,600-2,700 左右的識字量，可以預備向下一階段「透過閱讀學習」邁進。第二個現象是，三年級開始個別差異增加，由三年級 400 字左右到五年級 500 字左右，似乎指出一、二年級學習識字後，有一些學生在識字上開始落後同儕。若一般三年級學生的識字量算脫盲，而有部分學生開始落後，是教育上需要注意的地方。

表 2-2
一至九年級學生平均識字量

年級	一	二	三	四	五	六	七	八	九
平均	712.37	1248.57	2108.04	2660.52	3142.08	3340.02	3547.97	3521.06	3747.34
標準差	444.99	363.54	816.30	855.00	996.16	998.47	998.11	1039.71	1081.88

（四）字義提取

認字最終目的在知道字所表徵的意思。

字義提取有幾個途徑，一是看到「字」就自動產出字音。由於我們腦中有一個透過口語累積的詞彙庫，當我們唸出字音後，可以與詞彙庫中的詞彙相配對，很快找到字詞的意思。但是不是所有的字義抽取都需要有語音做中介？有研究者認為

讀者也能直接由字抽取字義（請見前面字義辨識一節）。我手邊資料有學童將「軍」讀做「兵」，「傭」讀做「奴」，很可能是取得字義後，由義讀字音。至於怎麼找出這些字義？猜測是學童曾在某些有意義的情境下遇見這些字，用自己的經驗理解這些字，也記住它們的意思，但不一定學到或記得正確的讀音，再次見到這個字的時候，他可抽取的就是意義，而後，再依其義給出讀音。

除上述兩種抽取字義的方式－直接提取、語音轉錄外，還有第三種就是透過字本身的線索或是上下文讀出音來，例如「鋺」字（依「音部」[1]我們讀「元」），但詞彙庫並沒有這個字。透過組字知識猜測大概與金屬有關（有「金」的部首），為了更確定其意思，就在文章的上下文中去證實，如猜它是某種金屬元素。

中文字中有「形似音同」如褌、蟬，可以利用聲旁來讀字；但也有「形似音異」如釋、譯；「形異音同」如遲、馳的字。中文字還有所謂的沒有聲符的孤獨字，如凸。再基於中文同音字多，如形勢、形式、型式、刑事、行事，需要有意義上的支援和字形上的辨識，如，「採」用和「彩」繪，讀者藉上下文和語意部件選擇適合語詞的字。基本上，辨識中文字，需要整合形、音、義，忽略一部分都可能會犯錯。

註 1：中文字由部件組合而成，這裡的音部是指有些部件提示讀音，同「聲旁」的意義。

三、形音義處理器互動以認字

Adams（1990）曾圖解説明讀者處理形、音、義、上下文的四個處理器（processors）如何互動達成理解的目的（圖2-2）。其中上下文處理器最主要的功能在保持閱讀時的連貫性，特別是處理多義詞，要提取哪一個義才合適，就靠上下文所提供的線索來決定。而形與音的互動也很重要。在處理同音字上，如「一」、「衣」、「醫」、「依」，若沒有「形」的線索，「一生的心血」可能變成「醫生的薪水」。

圖 2-2
閱讀過程中形、音、義、上下文四個處理器互動

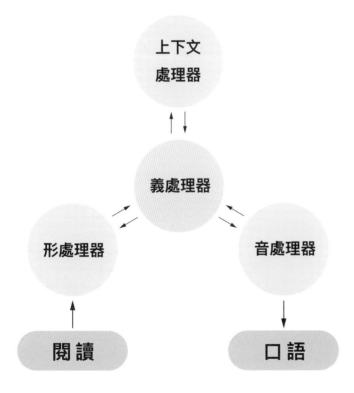

取自 Adams (1990)

接下來以中文字來說明 Adams（1990）的認字處理器。

（一）字形處理

不可否認，認字時，字形辨認是必要的，尤其字形接近的字容易造成辨識錯誤。這裡指的可以是字的整個輪廓，如「辨」和「辦」。除了外形，內部是「、丿」或是「力」也必須區分，以免造成字義上的混淆。

（二）音處理 / 聲旁

中文字聲旁部件表音，幫助讀者讀字音。例如看到裡、鯉、浬、娌、鋰、諲（假字），我們大概都唸「里」的音。有時候聲旁所表的音，在不同的字當中不一致。如油、柚，透過「由」唸「一ㄡ」的音，但「抽」唸ㄔㄡ，「袖」唸ㄒㄧㄡˋ，韻符雖沒有變都是「ㄡ」，但聲符改變了。更不一致的例子如釋、鐸、驛的睪，其音與三個有其為聲旁的字音完全不同。有時候讀的人取字的聲旁，如尷尬唸監介，聽的人可能不知道讀的是什麼。雖說聲旁指音不一定可靠，但聲旁對辨認中文字來說很重要，它讓讀者有「猜」字的機會，透過「猜」，可以學更多的中文字。請見上述（二）字音與認讀中文字和（三）聲韻覺識與中文閱讀的說明。

（三）義處理 / 義部首

中文字表義的字部件，就是我們所熟悉的部首。透過部首，我們知道有些字與「水」有關，有些字與「火」有關。一開始學「字」，學校會教學童筆畫、筆順和部首。但如前所述，要到小學四或是五年級才使用部首認讀中文字（Ko & Wu, 2003）。

　　形、音、義的處理正好符合中文組字知識，包括字部件的知識。大多數中文字由中文字組成，因此，我們會說「弓」「長」「張」、「立」「早」「章」，將字中字拆開，幫助聽者更清楚說的是哪一個字。但組成中文字的字不一定是個完整的中文字，我們就以字部件稱呼之。絕大多數的中文字是由部件組成，有其組織規則。例如花的「艹」部，只出現在「化」的上面，不會在下面、左邊或右邊出現，否則不符合中文字的組字規則。在這規則中也包括認識多數中文字擁有指音的聲旁和指義的部首。有組字知識，碰到陌生字，我們可以試著猜字。在閱讀中，雖有些字我們不一定唸的出來，或是唸錯字音，因我們已知其義，不會影響理解。這就牽涉到心理詞彙庫裡的字詞彙知識。心理詞彙庫越豐富，越有助於理解。

（四）有邊讀邊

　　以下再以小學一年級學生認字的情況來回應上面所提到認讀中文字的理論。這些例子充分反應學習與經驗在認讀中文字過程中扮演的角色。如表 2-3，左欄是作者給的字，右欄是學生的回應。

表 2-3
該研究中的刺激材料與學生反應類型

刺激材料	學生反應
帚	婦
喘	端，端午節
憲	會，一會兒爬上樹。
瞻	膽小
屯	唸存，廣告有，有些牛奶的廣告有。
末	未，未來的未，爸爸教的。
眊	拜拜的拜
眊	色，很像色。
唆	指（口），像嘴，像說話的說。
蠹	唸（蟲），有三隻蟲，（指上方）像房子，要出去找東西，這兩隻先跑出來，這一隻（指右）很懶惰。
煨	指著田：房子，指下面：樓梯，火要燒房子。我認識這個（火）。唸燒。

其中有學生將字拆解，分別唸出兩個字音，如表 2-4。

表 2–4
該研究中的刺激材料與學生反應類型

刺激材料	學生反應
崎	山，奇
棚	木，朋
桿	木，早

這些例子說明學生已認識一些字，以這些字為基礎猜字。

當學生提出不認識某一個字時，我們提供字音，發現學生即受音的導引，脫離字形，由經驗中提取同音的字義，如表 2-5。

表 2–5
該研究中的刺激材料與學生反應類型

刺激材料	學生反應
焚	墳，掃墓用火，很多人有樹木。
焚	粉筆
唆	ㄙㄨ頭髮
瞻	沾了麻油
崎	未提供字音提示下，學生自己唸畸音，而後說，ㄅㄆㄇㄈ的ㄐ。

這些例子更顯示 Adam（1990）提到形、音、義、上下文四個處理器互動以認讀中文字的必要。就如本章一開始引用外國人士學中文字的例子，海斯勒沒有中文經驗，連結既有知識，如類似中文字形的英文字形。因此學習認字的初期，啟動各種可能的線索，但至終需要整合四個處理器，以穩固所認識的字。否則，學習者容易受任一處理器的牽制，而誤判、誤認。

第一章介紹過楊依婷（1993）以自譯自編的圖畫書給四歲至七歲的孩童閱讀，觀察幼童如何讀繪本。在讀繪本過程中，楊氏亦觀察到，當幼童只認得幾個字時，他不會犯錯，「大」就是「大」，「中」就是「中」。當幼童多認識一些字以後，「天」與「大」就容易混淆，此時他也開始以所認識的字如「九」來猜不認識但形似的字如「力」。再多認些字，他以字出現過的上下文線索來猜字，例如他在「長青幼稚園」上學，當他看到「青」草的「青」，他唸「長」。

一個有趣的現象是幼童到一個階段（第一章，讀文者，讀文與圖）碰到不認識的字，他不願意猜，而要成人協助唸出來。這表示他很清楚自己不認識此字，若猜會猜錯。再長些，幼童會由文句的上下文來猜字，如五「顏」六色唸五「彩」六色。此時的猜測或許字音不正確，字義也有些失誤，但對文章的理解沒有影響。

綜合上面的研究，我們相信，學童到小學二年級左右，對閱讀內容不是太難的圖書或文章，就是其中有些陌生字，他們有能力掌握。因他們有組字知識且發展出認字策略，如：

1. 由字本身的線索來猜，如字形、字音、字義的線索。
2. 由字產生聯想，如利用字曾出現過的情境來認讀。
3. 由文句上下文來猜。
4. 直接由記憶中抽取。

   我的資料中還有一位一年級男生，看似圖解文字，例如，

   （祭）：人頭，指上兩部件為眼睛，（示）為脖子。
   （屯）：避雷針。

   但這位學生仍有一些對中國字的認識，如

   （耿）：火在胃那邊？（唸「心」音），因為（指耳部）
   　　　　像心。

除非有人全然不識中文字，否則一定會啟動已有的中文字知識來辨識陌生字，如這位一年級男學生提到的火字。

綜上所述，中文字形辨認時有字優效果，表示字形辨認與個人對字的知識有關。除了字形辨認，讀多數中文字時有語音觸發的現象，在字義辨識時也有語音轉錄。而中文字的部首和聲旁，對讀字音和猜字義有幫助，只是研究指出，大約要到小學四年級，多數學生才用得上聲旁和部首的功能來認讀陌生的字（Ko & Wu, 2003），顯示這是一個逐漸學習而有的能力。至於以注音符號學習中文字，其助益隨年級增加而減少，甚至不須透過使用注音符號認讀中文字。

學習中文字，不論是透過環境中滿滿的中文字但未特別用心學習者如學前兒童，或是有意識的學習者如在學學生，累積一些字量後，會形成對中文字的知識，如其樣貌形狀、其中組成份子所代表的意義，也就是所謂的組字知識。換句話說，學習歷程不只是一字一字學，在這歷程中會逐漸轉換成組字知識，讀者以這些知識學習更多的中文字，也就是組字知識成為讀者認中文字的方法與策略。根據研究，二年級學生平均識字量約 1,200 字左右，小學三年級學生平均就有 2,115 個中文字量（王瓊珠等，2008），而我國成人日常生活所需的基本字彙大約為 2,328 字，只要能識得 1,680 字以上且能支應日常生活的簡單書寫任務為「識字」者（黃富順、林振春，1994），簡言之，小學三年級學生可算「脫盲」，由不識字者成為識字者。

關於認字，以圖 2-3 說明其間的相關成分。

圖 2-3
認字成分形成組字知識與識字策略

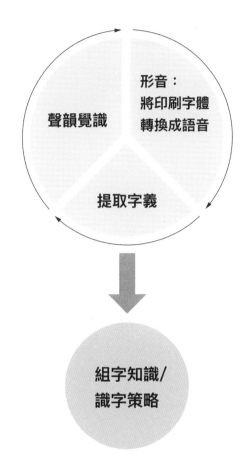

聲韻覺識

形音：
將印刷字體
轉換成語音

提取字義

組字知識/
識字策略

　　這一章我只介紹文字符號，文字是符號的一種，口語也是符號，在數位時代有更多符號表徵，如動畫、影片、肢體，我們都要學著去認識、理解並學著以這些符號來溝通與表達。另有一種符號是外語符號，如英文字母、15 世紀時韓世宗大王領一批學者創造出來的韓文，或是日本的平假文、片假文等。多認識一種國外符號，就多認識符號所組織的意義。台灣學生英文不算好，不能讀英文篇章或是書，是一種損失。

參考文獻

王瓊珠、洪儷瑜、張郁雯、陳秀芬（2008）。一到九年級學生國字識字量發展。*教育心理學報*，*39*（4），555-568。

李俊仁、柯華葳（2009）。台灣學生聲韻覺識作業之聲韻表徵運作單位。*教育心理學報*，*41*（1），111-124。

柯華葳、李俊仁（1996）。國小低年級學生語音覺識能力與認字能力的發展－一個縱貫的研究。*國立中正大學學報－社會科學分冊*，*7*（1），49-66。

柯華葳、陳明蕾、廖家寧（2005）。詞頻、詞彙類型與眼球運動型態：來自篇章閱讀的證據。*中華心理學刊*，47，381-398。

陳烜之（1984）。閱讀中文時對部件偵測的歷程。*中華心理學刊*，26，29-34。

黃富順、林振春（1994）。*我國失學國民脫盲識字標準及脫盲識字字彙之研究*。國立臺灣師範大學成人教育研究中心。

曾世杰、簡淑真、張媛婷、周蘭芳、連芸伶（2005）。以早期唸名速度及聲韻覺識預測中文識字與閱讀理解：一個追踪四年的研究。*特殊教育研究學刊*，*28*，123-144。

葉素玲、林怡慧、李金鈴（2004）。中文字形結構在國小學生字形相似性判斷所扮演的角色。*教育與心理研究*，*27*（1），93-115。

楊依婷（1993）。*幼童閱讀行為研究*（未出版之碩士論文）。國立師範大學。

鄭昭明（1981）。漢字認知的歷程。*中華心理學刊*，*23*（2），137-153。

鄭昭明、陳學志（1991）：漢字的簡化對文字讀寫的影響。*華文世界*，*62*，86-104。

謝燕嬌（2003）。中文聲韻覺識測驗發展及其相關研究（未出版之碩士論文）。國立臺東大學。

Hessler, P.（2006）。*消失中的江城*（吳美真譯）。久周文化。

Adams (1990). *Beginning to read: Thinking and learning about print*. MIT Press. https://doi.org/10.2307/415121

Dehaene, S. (2010). *Reading in the Brain: The New Science of How We Read*. Penguin Putnam Inc.

Fang, S-P., Horng, R.-Y., & Tzeng, O. (1986). Consistency effects in the Chinese character and pseudo-character naming tasks. In H.S.R. Kao & R. Hoosain (Eds.), *Linguistics, psychology, and the Chinese Language* (pp. 11-22). University of Hong Kong. https://doi.org/10.1177/1606822X15583238

Huang, H.S., & Hanley, J.R. (1995). Phonological awareness and visual skills in learning to read Chinese and English. *Cognition, 54*(1), 73-98. https://doi.org/10.1016/0010-0277(94)00641-W

Just, M.A., & Carpenter, P.A. (1980). A theory of reading: From eye fixations to comprehension. *Psychological Review, 87*, 329-354. https://doi.org/10.1037/0033-295X.87.4.329

Ko, H.-W., & Wu, C.-F. (2003). The role of radical awareness in reading Chinese. In C. McBride-Chang and H.-C. Chen (Eds.), *Reading Development in Chinese Children* (pp. 73-80). Praeger.

Kuo, W.-J., Yeh, T.-C., Lee, J.-R., Chen, L.-F., Lee, P.-L., Chen, S.-S., Ho, L.-T., Hung, D., Tzeng, O., & Hsieh, J.-C. (2004). Orthographic and phonological processing of Chinese characters: An fMRI study. *Neuroimage, 21*(4), 1721-1731. https://doi.org/10.1016/j.neuroimage.2003.12.007

Lee, C.-Y., Tsai, J.-L., Kuo, W.-J., Hung, D., Tzeng, O., Yeh, T.-C., Ho, L.-T., & Hsieh, J.-C. (2004). Neuronal correlates of consistency and frequency effects on Chinese character naming: An event-related fMRI study. *Neuroimage, 23*(4), 1235-1245. https://doi.org/10.1016/j.neuroimage.2004.07.064

Liu, C.-L., Lai, M.-H., Tien, K.-W., Chuang, Y.-H., & Lee, C-Y. (2011). Visually and Phonologically Similar Characters in Incorrect Chinese Words: Analyses, Identification, and Applications. *ACM Transactions on Asian Language information processing, 10*(2),1-39. https://doi.org/10.1145/1967293.1967297

Perfetti, C.A. (1985). *Reading ability*. Oxford University Press.

Rayner, K. (2009). Eye movements and attention in reading, scene perception, and visual search. *The Quarterly Journal of Experimental Psychology, 62*(8), 1457-1506. https://doi.org/10.1080/17470210902816461

Rueckl, J. G., Paz-Alonso, P. M., Molfese, P. J., Kuo, W.-J., Bick, A., Frost, S. J., Hancock, R., Wu, D. H., Mencl, W. E., Duñabeitia, J. A., Lee, J.-R., Oliver, M., Zevin, J. D., Hoeft, F., Carreiras, M., Tzeng, O. J. L., Pugh, K. R., & Frost, R. (2015). Universal brain signature of proficient reading: Evidence from four contrasting languages. *PNAS Proceedings of the National Academy of Sciences of the United States of America, 112* (50), 15510–15515. https://doi.org/10.1073/pnas.1509321112

Shu, H., & Anderson, R. (1997). Role of radical awareness in the character and word acquisition of Chinese children. *Reading Research Quarterly, 32*(1), 78-89. https://doi.org/10.1598/RRQ.32.1.5

Shu, H., Chen, X.-C., Anderson, R., Wu, N.-N., & Xuan, Y., (2003). Properties of school Chinese: Implications for learning to read. *Child Development, 74*(1), 27-47. https://doi.org/10.1111/1467-8624.00519

Tzeng, Y.-L.& Lee, C.-Y. (2012). The developmental trajectories of orthography-to-phonology mapping consistency in learning to read Chinese. *Contemporary Educational Research Quarterly, 20*(4),45-84.

Yeh, S.L., Li, J.L., T., Takeuchi, T., Sun, V. C., & Liu, W. R. (2003). The role of learning experience on the perceptual organization of Chinese characters. *Visual Cognition, 10*, 729-764. https://doi.org/10.1080/13506280344000077

03

閱讀理解
的認知基礎

說到讓學生理解，這件事說起來容易，但是難道大家不知道人們在閱讀一本書時，可能會體會到許多不同的事物嗎？即使在句子裡省略兩、三個字，學生依舊能捕捉到一些不錯的思想，或是與前文的關聯。老師堅持站在理解這一方，可是學生完全不需要你替他們解釋。他可能有時候懂你說的，卻無法向你證明，始終模糊地猜測並吸收相當不同的東西，那些都是對他很有用且重要的。他努力去挖掘你要他說的，並調適自己以滿足你的期望，因而平白生出不需要的困境與苦勞。

　　——摘自托爾斯泰，《學校讓我們變笨嗎？》，頁 296。

　　雖然許多研究提出認字、識字量、詞彙與理解有統計上的高相關（如 Kim, 2015, 2017），在閱讀簡單觀點（simple view of reading）中也只提出認字和語言理解（linguistic comprehension）兩個成分來解釋閱讀理解（Hoover & Gough, 1990）。然而近年研究漸漸指出理解一篇文章除了識字，還同時啟動許多認知機制（Oakhill & Cain, 2018），由腦照影研究也可以看到理解時忙碌的腦（Ferstl, 2007）。本章將說明閱讀理解的歷程。

腦專欄

閱讀時忙碌的腦

圖 3-1（上）、圖 3-2（下）
不論閱讀或是口語理解，幾乎是全腦啟動

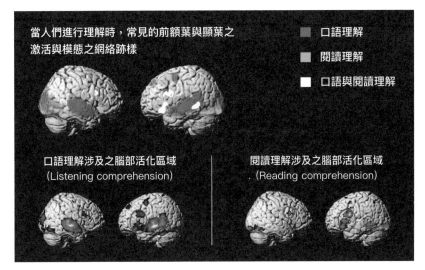

成人的內隱閱讀
活化區涉及：
1. 左側琥上溝、左側額下迴和溝、左側豆狀核
2. 右側頂葉下小葉、右側中央前後迴、右側扣帶迴、右側小腦
3. 雙側杜中迴、雙側額內側上迴

孩童的內隱閱讀
活化區涉及：
1. 左側頸上迴和腦溝
2. 右側中央前迴、右側扣帶迴

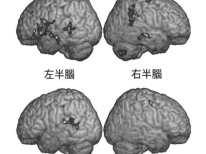

左半腦　　右半腦

圖 3-1 取自 Buchweitz et al.(2009)、圖 3-2 取自 Turkeltaub et al.(2003)

一、理解的運作

（一）理解的基地－基模

　　心理學家以基模理論（schema theory）來說明記憶系統中知識的單位及知識的運作機制。基模理論所談的就是知識組織的理論。一個基模表徵一個概念及其相關的知識（Anderson & Pearson, 1984；Rumelhart, 1980）。基模有許多類似的名稱，如腳本（scripts），計畫（plans），架構（frames），理論（theories）所談的都是知識的組織，描述如何表徵知識以及這表徵如何促成知識的使用。舉例說明，「買」這個詞或概念會引人聯想到買主、金錢、貨品、交換、討價還價、不二價、賣主等。這些知識或是詞彙間彼此都有關係，形成一個「買」的基模。隨著個人背景知識不同，「買」基模中的知識成分不盡相同。但一個社會上多數人對買的基本看法是相近的。因此提到買東西時，大家都知道說的是什麼。

　　簡言之，基模是訊息處理所依據的基本單位，是我們解釋外界訊息的依據。基模中許多概念及概念間的關係，形成我們對人、事、物未言明的「理論」。這理論在我們面對新訊息或不熟悉情境時，是預測、推論的依據。當外界有訊息時，基模們就啟動，以運作這筆訊息。例如，讀者讀到一個新的詞彙「交易」，因文中線索的協助，在文中它與買主、賣主、物品等舊知識一起出現，讀者大致上可推論交易的意思。又例如，當提到速食店，有經驗的讀者會想到它是一種飲食店，在不多樣的選擇中，或是指著食物的號碼或是指圖片跟店員表達所要的餐點，付了錢，不多久，店員遞給你所要求的。這是速食店的基模。因此換到一個陌生地區，進入一家飲食店，看其環境布置以及多數顧客依著你腦中速食店基模在運作，你也就放心的排隊等候點餐。又例如我們雖不明白太空梭的構造，但因我們對

汽車、飛機的認識，透過汽車、飛機的基模，我們推想太空梭大概有引擎、推動器等裝置，使其能發動而升天。第一章曾提到幼兒有各種知識，包括生物知識。研究指出，3 歲幼兒知道「動物」具有血液、骨骼或內在器官，這是一種基模，因此他可以判斷，某東西內部若為石頭、棉花或機械等的物質，不是活的生物（丘嘉慧、柯華葳，2014）。

基模中的知識成分愈多，會互相產生限制（constraints），使概念更清楚。例如買主、賣主是人，而金錢、貨品是物。人與物各自成基模，但之間有關係。換句話說，知識豐富者，基模內的知識組織更精緻。而基模間會重疊。例如交易，可能包括貿易、管理、商品行情、金錢、貨品等自成一個基模。它與買有重疊，也有自己的知識成分。又如金錢，也可能是一個基模，與交易與買兩個基模重疊。

整體而言，基模表徵知識的組織，為個體指認並處理外界資訊的依據。基模有內容知識，包括一般常識（world knowledge）、學科知識，還有前面提過的腳本、理論和可操作的知識，稱程序性知識等。在閱讀裡，讀者基模中還包括文本形式的基模（文體結構），如故事基模、說明文基模等（圖 3-3）。

圖 3-3
基模與背景知識

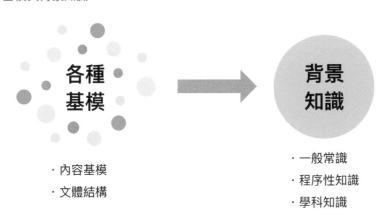

・內容基模
・文體結構

各種基模 → 背景知識

・一般常識
・程序性知識
・學科知識

當一個人說他明白一篇文章（或是一句話）時，以基模理論來說，就是他為這段訊息找到一個理解的立足點（基模／基模們），藉此基模中的知識與理論（通稱背景知識），理解這段訊息。研究指出，在回憶一篇有關棒球文章內容時，有棒球知識的讀者比沒有棒球知識的讀者不論質與量上的表現都要好（Spilich et al., 1979），因為他們有棒球知識基模為理解的基礎。

事實上，背景知識中的學科知識還可以細分。Alexander等（1994）區分學校所學的知識為主題知識和學科知識。主題知識指一特別議題的知識如對細菌的認識，學科就是專業科目。研究者以兩篇物理科普文章讓大學生閱讀，一篇關於夸克，一篇有物理概念且加上科學家霍金的故事。讀後，研究者測學生的主題知識，如專有名詞解釋以及學科知識，評量物理概念及其原理原則。大學生讀完文章後，也要回憶所讀、填寫知識填空題，口頭報告所讀到的內容，並對所讀的每一段敘述是否感到有趣加以評分（1 表非常無趣至 10 表非常有趣）。研究結果指出，學科知識比主題知識可以預測學生的知識回憶量和興趣。這研究似乎指出，背景知識是會增進學習和學習者的興趣，但需要的是較統整的學科知識，而不是片段的主題知識。

至於基模運作，發展心理學介紹 J. Piaget 提出認知發展理論中的同化（assimilation）及調節（accommodation）機制（請參考林美珍等，2007）。Rumelhart（1980）也曾提出個體以類比（analogy）及歸納（induction）的方法造成基模的增添（accretion），修飾（tuning）與重建（restructuring），請讀者參考。

（二）理解

　　有基模為理解的基礎，理解是什麼？理解是認讀出字與字之後，形成命題，表徵字與字之間的意思，這稱字面理解。有了字面理解，進一步解釋、作推論（make inference），稱推論理解。

　　怎樣才算是理解？ Graesser 等（1994）論及閱讀理解，提出讀者在所讀文本中尋求意義（search or effort after meaning）是謂理解。這也是多數閱讀研究者同意的。閱讀尋求意義包括三個假設：

1. 讀者目標假設：讀者以自己的閱讀目標建構全文的意義。

2. 連貫性假設：讀者讓文章局部（local）文本內容或是全文（global）相互銜接，以達連貫性（coherence）。局部內容連貫，指的是將有關聯的命題組合在一起。整體連貫性，指全文所論及的概念是一致、銜接的。換句話說，讀出連貫性對讀者來說就是理解。

3. 尋求解釋的假設：為能銜接文本內容，讀者解釋文中事件、主角間的關係以及推論為什麼需要這些「成份」（指事件、主角等），建立心理表徵，即是理解。

　　因此，當理解的歷程是讀者主動尋求意義的歷程時，理解就是「讀者中心」的歷程。讀者中心所形成的「理解表徵」，這會有問題嗎？關於會不會有問題，本書將在第六章繼續討論。

（三）推論

推論是什麼？推論可以是聯想，是連結和邏輯推理（推論）。

聯想，由一物推一物或由一事推一事，如看到白兔想到紅蘿蔔即是聯想，這是很自動化的歷程。連結，為兩事或兩物找出關連，是一個較費力的聯想歷程。例如小張公司裁員。小張在公館打工。讀者可能將兩句連結，猜想「小張被裁員了」，這就是連結。這兩個歷程都是自動化的歷程，就是讀者會很直接或說是直覺地把前後兩件事串聯起來。

至於邏輯推理，例如台灣教育制度有很多缺點。台灣造就了不少人才。這是兩個敘述，一起出現，讀者會以因果解釋前後兩句，並加上「但是」（台灣教育制度有很多缺點，但是，台灣造就了不少人才），使這個敘述更具說服力。這是邏輯推理。

研究者針對閱讀敘事體提出的推論種類有（Graesser et al., 1994）：

1. 因果推論；
2. 主題、主旨；
3. 故事中主角的目標與行動。

若再細分，Graesser 等（1994）提出 12 種推論，包括指稱推論、前因推論、後果推論、工具推論（主角行動時所使用工具或是資源）、名詞類別示例（如以棒球賽為運動賽事的例子）、上位目標（行動原因）、下位目標或行動（如何完成行動）、狀態推論（包括特性、特質、信念等）、情緒反應、作者意圖等。

　　蘇宜芬和同事歸納出研究交集最多的五個推論理解核心成分有:「指稱」、「因果關係」、「摘取大意」、「精緻化」、「類比」（蘇宜芬等,2018），其中摘取大意，經常作為理解的表徵（Palincsar & Brown, 1984），但摘要過程需要刪減文本訊息使其精緻化，這過程也需要推論。Oakhill 與 Cain（2018）則歸納出最重要的推論還是:局部連貫推論和整體連貫推論。局部連貫是理解上不可缺少的，包括代名詞、指示詞，連結前後詞的關係。若連這基礎的推論都未發生，遑論整體連貫推論。

　　國際閱讀素養研究（Progress of International Reading Literacy Study, PIRLS）透過評量試題的定義，很清楚說明理解與推論。PIRLS 檢視閱讀理解歷程包括字面理解與推論理解。字面理解指直接提取訊息，推論則由表面訊息間推論，到跨段落、跨文本間以及評論的推論。以下詳細說明之。

1. 「提取訊息」（focus on and retrieve explicitly stated information）:找出文中明確寫出的訊息，例如:與特定目標有關的訊息。找出特定的想法、論點。字詞或句子的定義。故事的場景，例如時間、地點。找出文章中明確陳述的主題句或主要觀點。

2. 「推論訊息」（make straightforward inferences）:需要連結段落內或段落間的訊息，推斷出文中沒有明確描述的關係，其中包括:推論某事件導致的另一事件。在一串的論點或一段文字之後，歸納出重點。找出代名詞與主詞的關係。描述人物間的關係。

3. 「詮釋與整合」（interpret and integrate ideas and information）:讀者需要運用自己的知識去理解與建構文

章中的細節及更完整的意思，包括：歸納全文訊息或主題。詮釋文中人物可能的特質、行為與做法。比較及對照文章訊息。推測故事中的語氣或氣氛。詮釋文中訊息在真實世界中的應用。

4. 「比較與評估」（examine and evaluate content, language, and textual elements）：讀者需批判性考量文章中的訊息，包括：評估文章所描述事件確實發生的可能性。描述作者如何安排出乎意表的結局。評斷文章的完整性或闡明、澄清文中的訊息。找出作者論述的立場（柯華葳等，2008）。

二、閱讀理解歷程

Kintsch 與 van Dijk（1978）指出，文本的語意結構（semantic structure）以命題（proposition）為單位組成，可分為微觀結構（micro structure）與鉅觀結構（macro structure）。微觀結構屬局部層次（local level），指的是命題與命題間的連結；鉅觀結構則較為抽象，屬於整體層次（global level），透過刪減、重組微觀結構的命題，形成連貫的、概括性的概念。

Kintsch（1998）將理解文本過程分為微處理和大處理。微處理，處理字詞，形成命題，所涉及範疇是文本中的各部分，此時的理解表徵為摘要或是記憶。因所處理訊息是以所讀文本為基礎，稱文本模式。進一步，搭配讀者的背景知識，整合文本局部，詮釋整合文本的訊息，形成情境模式。這時很有可能改變讀者原有的基模內容與組織，稱為「新學習」，就是讀者學到新知識、新東西。在建立局部或是整體命題網絡，或建立文本模式、情境模式都用到推論。

（一）命題

　　什麼是命題？命題是每個句子裡有意義的基礎概念（elementary ideas），它陳述一個事實，是可以被觀察的現象。通常命題含有一個動詞或是關係詞加上一個名詞。一個人名如劉先生，不是命題。劉先生跑步是命題。路崎嶇是命題，說明道路的狀況。命題形式不一，或許是文字或許是圖。例如：

枯藤老樹昏鴉，小橋流水人家，古道西風瘦馬，斷腸人在天涯。

——馬致遠《天淨沙·秋思》

　　很多人讀後形成昏鴉站在枯藤老樹上的圖象，這是命題。找出枯藤、老樹、昏鴉關係，形成一事件記憶的一幅圖（或是一個網絡，network）是屬文本微處理。詩的其他三句亦各自形成命題，或許是四幅圖，組成文本模式。而後跨越四句詩，形成情境模式，有層次、遠近，由具象至抽象，如推論當時的時局，解釋詩的意境和詩人的心境。當時的時局、詩人的處境，是讀者啟動先備知識，加以推論的。

　　採用「命題」概念並分析命題是想知道一篇文章（或是一句子）有多少有意義的單位。研究指出，閱讀後回憶正確比例與篇章的命題數量有關（Singer & Leon, 2007）。Oakhill 等人（2003）亦觀察到要組合遠距的命題，對低閱讀能力學生來說很困難。

柯華葳（1999）曾採用命題整合概念為國民小學（二至六年級）編制閱讀理解篩選測驗。命題整合需要處理不同命題中重複出現的詞彙或概念，理解詞與詞之間的關係與彼此形成的約束，形成正確的命題。柯氏採用指示詞（anaphora）出題，因指示詞代理指前面出現過的人、事、物，讀者必須處理不同命題中重複出現詞彙間的關係（如下例），是必要的推論，藉此暸解學童是否有形成命題與整合命題的能力。研究結果指出，命題組合確實能有效鑑別學生閱讀能力的差異，且命題整合與短文理解有高相關。

命題整合題舉例說明：

自由與愛情都不可或缺。但前者比後者更重要。哪一個重要？

這一簡單的句子有幾個命題：

自由不可或缺、愛情不可或缺、前者重要、後者重要。學生要將哪一個是前者，哪一個是後者連結，然後再處理「前者比後者更重要」，哪一個重要？

（二）命題整合

命題間的整合可以是連結，作局部推論（local inference），如前後子句間代名詞、連接詞指示的意義與邏輯關係（propositional logic inference，如 and / or / but），或相似概念論據交集（arguments overlap）的辨別。命題整合也可以是精緻化（elaboration inference）、整體層次的推論（global inference），如將訊息組合成因果連結、網絡架構，預測可能結果（forward inference）或橋接先備知識的推論（bridging inference）。

　　換句話說，文本理解不僅是將訊息匯入記憶，這些訊息會和記憶中已知的知識（背景知識）產生連結。讀者透過精緻的推論、橋接，彌補文中未直接提及的命題，建構文本局部層次和整體層次的連貫性，形成情境模式（Kintsch & van Dijk, 1978）。

　　因此，Kintsch（1988）提出的建構-整合模式（construction-integration model，C-I 模式，如圖 3-4），將知識和文本同時考量在理解歷程中。換言之，閱讀理解包括建立一個文本事實的記憶，也是建立一個整合背景知識的心智模型-情境模式。

圖 3–4
Kintsch（1988）提出的建構 – 整合模式

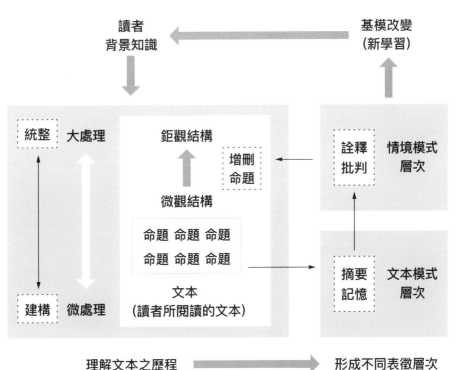

McNamara 等（1996）在其研究中應用了此概念，提出理解的層次：（一）文本基礎（text base），理解的基本層次，用以建立文本微觀和鉅觀命題知識的網絡，可用以回答與文本有關的事實訊息或摘要。（二）情境模型（situation model）則是將文本基礎的網絡與讀者先備知識整合，所產生的知識，能用於新情境與問題解決。回應上面提到 PIRLS 對閱讀理解的定義，提取訊息和推論訊息屬文本模式，後兩項則屬情境模式。

由以上描述，可以看到閱讀理解歷程是一個讀者控制的歷程，例如判斷文章與先備知識間的線索，是否夠形成連貫的情境模式。若線索太多，是否要刪減，刪去一些重複性高的線索。若線索不夠，要如何增加？但也有學者認為在這過程中，如橋接（bridging）訊息是很自動化的歷程。讀者較多做的是簡單自動化為主的最小化推論（minimalist hypothesis），主要為達成文本層次的理解（McKoon & Ratcliff, 1992）。推論過程僅應用文章中既有的訊息與長期記憶中的一般性生活常識，在命題相距不遠的狀況，將命題維持在短期記憶中，或提取至工作記憶中自動化的進行連結。McKoon 與 Ratcliff（1992）認為，精緻化的推論僅在讀者有特定閱讀目標、閱讀策略與文本複雜度較高，無法以簡單推論時才會使用。換句話說，一般閱讀時，讀者只求表面理解，即淺處理文本，需有特定目標才會有深處理。這符合一般閱讀狀況，但也提醒專業學科閱讀時可能產生的問題，如 Noordman 等（1992）的研究提出，讀者在閱讀科學性說明文時，不會主動對命題間，未明顯說明的因果關係進行推論，除非在閱讀後必須回答問題。精緻化推論，如作者的意圖，故事情境推論等，在有特定目的或文中有充分的限制性線索時，也就是讀者無法直接提取時，才會進行。

三、閱讀模式

　　介紹過理解過程中的文本模式和情境模式後，本節將由閱讀歷程介紹閱讀模式。

　　閱讀涉及多項認知和語言處理步驟。從識字、一整段文字或是通篇文章的理解，使用到不同層次的語言能力來處理，如字詞解碼、語法、語意整合、及認知處理（如歸納與推理等）。其中有研究者強調基礎的字詞解碼，由基礎（下）逐步通往理解（上）。亦有研究者看中由個體背景知識（上）而下的閱讀。目前大致有三類說法。

（一）由下至上的理解模式

　　由下而上模式看重解碼過程（如圖 3-5）。閱讀時，個體看到符號訊息，將符號轉換成概念存起來。這是由下往上直線方式的閱讀模式。研究者都同意解碼能力愈好，讀「字」後直接在心理詞庫中抽取詞義，理解力也愈好。但是，在文本閱讀中，由觸發（priming）效果的研究看到，常常在一起出現的詞有助於目標詞被辨識，以及讀者常需由上下文中推論字義，使上下文能銜接。換句話說，單由解碼來說明閱讀過程，無法完全說明讀者如何找出字與字之間多重的互動關係。

圖 3-5
由認字（下）而上，形成命題。

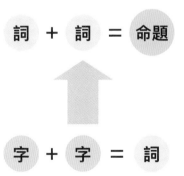

（二）由上至下的理解模式

　　由上至下模式強調理解，也是直線式的閱讀模式（如圖 3-6）。如前所述，當個體有了基模，閱讀時，他一接觸外來訊息，就靠既有的知識，形成對文章的假設，因此閱讀的目的在檢視讀者在閱讀過程中形成的假設，認字的能力在此模式中就不是很被看重。若有不認識的字可以透過基模的運作來填補理解上可能產生的困難。拼音文字文獻上的全語文研究（whole language）就主張此閱讀模式。全語言學者主張，「讀者在閱讀的時候建構自己的意義，運用先前所學、所經驗過的知識，去了解文章的意義。讀者在尋求文章意義時，不停地進行著預測、選擇資訊、確認先前預測，以及自我修正的工作」（Goodman, 1998, p. 73）。這個模式的問題在於若讀者對此篇文章沒有一些先備知識，他無法形成假設來理解這篇文章。

圖 3-6
由上而下的直線閱讀模式

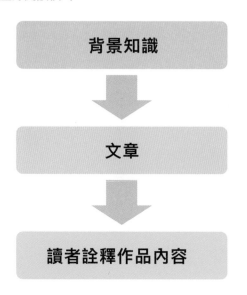

（三）互動模式

　　為了補充由下至上或由上至下閱讀理解模式的不足，互動模式被提出來。互動模式強調任何層次理解上的問題，可互相填補（Stanovich, 1980）。若一位讀者在認字能力上較優，且他對文章有一些概念，由上到下的模式可幫助他理解。若讀者沒有一些既有知識，他的認字能力讓他由下而上來理解這篇文章。

　　在互動模式中，上與下的互動需靠讀者監控，在上、下之間協調與填補，以達理解（如圖 3-7）。

圖 3-7
上、下的閱讀互動模式

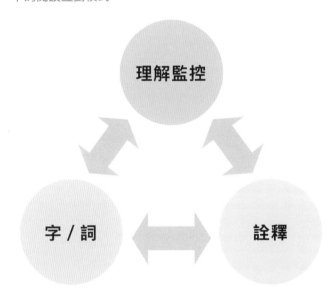

四、文體結構

前面提過背景知識包括學科知識、一般知識和文體知識。文體知識（文體基模）就是對文章組織的認識，就是文字的組織及文中概念的組織方式，或是故事體、說明文或議論文、詩體等的知識。文體結構的概念出自基模理論。

當讀者沒有文體知識，他不知道一件事有沒有敘述完全，什麼時候才算結束。第一章提過幼童讀繪本，以每一頁為一單位，尚無法體會有「故事結構」將頁與頁之間串起來，成為所謂的故事。又如幼童看四格漫畫，看完第一格他就以為看完了，不知道還有其他三格，故事才算完整。因此文體知識對閱讀理解來說很重要（Graesser et al., 1994）。以故事體來說，故事有故事基模，其成分有：主角、背景、起因、反應、結果等。故事基模幼年就已發展出來。幼童聽故事時會問：「然後呢？」表示他腦中的故事基模被啟動，他預期按著基模接下來會有什麼「動作」要產生。會寫故事的作者按著讀者所預期的基模，出人意表的寫下預期不到的內容，讀者會覺得閱讀更有趣。

（一）故事結構

請先讀這一篇故事。

東越閩中，有庸嶺，高數十里，其西北隙中，有大蛇，長七八丈大十餘圍，土俗常懼。東治都尉及屬城長吏，多有死者。祭以牛羊，故不得福，或與人夢，或下諭巫祝，欲得啖童女年十二三者。都尉令長並共患之，然氣屬不息，共請求人家生婢子，兼有罪家女養之，至八月朝，祭送蛇穴口，蛇出吞齧之。累年如此，已用九女。

爾時預復募索，未得其女。將樂縣李誕家有六女。無男，其小女名寄，應募欲行。父母不聽。寄曰：「父母無相，惟生六女，無有一男。雖有如無。女無緹縈濟父母之功，既不能供養，徒費衣食，生無所益，不如早死；賣寄之身，可得少錢，以供父母，豈不善耶！」父母慈憐，終不聽去。寄自潛行，不可禁止。寄乃告請好劍及咋蛇犬，至八月朝，便詣廟中坐，懷劍，將犬，先將數石米餈，用蜜麨灌之，以置穴口，蛇便出。頭大如囷，目如二尺鏡，聞餈香氣，先啗食之。寄便放犬，犬就嚙咋，寄從後斫得數創，瘡痛急，蛇因踴出，至庭而死。寄入視穴，得其九女髑髏，悉舉出，吒言曰：「汝曹怯弱，為蛇所食，甚可哀愍。」於是寄女緩步而歸。越王聞之，聘寄女為后，指其父為將樂令，母及姊皆有賞賜。自是東治無復妖邪之物。其歌謠至今存焉。

——節錄自東晉 干寶《搜神記》〈卷十九〉

這故事可以分成三個主要事件，或三個情節。

1. 東越閩中，有庸嶺，高數十里，其西北隙中，有大蛇，啗童女年十二三者。
2. 將樂縣李誕家有六女。無男，其小女名寄，應募欲行。寄乃告請好劍及咋蛇犬。
3. 李寄與蛇戰。

　因此我們以三個事件分段，然後找出主角、背景、經過、結果等成分。在中國故事中幾乎都有文以載道的教訓，我們稱之為作者論點。

把這故事中的成分找出來以後，對整個故事的理解就不難了（表 3-1），不論它是否是古文，是否有生字難詞。

表 3-1
依結構分析故事

故事結構	
情節一	
主角一 / 名字、特色	
主角二 / 名字、特色	
背景	
經過	
結果	
情節二	
主角一 / 名字、特色	
主角二 / 名字、特色	
背景	
經過	
結果	
情節三	
主角一 / 名字、特色	
主角二 / 名字、特色	
背景	
經過	
結果	
主角結局	
作者論點	

事實上李寄這個故事與花木蘭的故事很類似，都是家中無男丁，要解決在傳統社會中連男子都難以解決的問題。當她們勇氣十足，一馬當先的解決問題後，也都得到當時朝廷的賞賜，不論是官位或是后位。因此讀李寄也可以先借木蘭的故事當背景知識來理解李寄。

（二）說明文結構

說明文不同於故事體，說明文有主要議題及支持議題的說明與事實等架構。讀者有說明文體知識，就會預期在文中讀到清楚、有條有理的內容。但，相對於故事體，說明文的基模比較不是讀者熟悉的。Cook 與 Mayer（1988）以非自然科學系但有中上閱讀能力的大學生為對象，請他們依「訊息組織方式」將 20 篇文章分類。研究者特別強調不要依內容和主題分類。結果只有 28% 的學生可以說出分類理由並分類正確。研究者進一步以說明文結構培訓大學生，經過訓練後，大學生分類正確率提高至 79%，表示有提示，有幫助。Hyönä 等（2002）分析大學生閱讀說明文的眼動型態，看到幾乎將近半數（全部是 47 人）大學生，由文章頭讀到文章尾，很少回頭再檢視或是再讀，研究者稱他們為快速線性閱讀者。這群學生中有 20% 依說明文結構閱讀，會多注視標題與每一段最後一句，表示在整合段落的訊息，這些學生在摘要上的表現比快速線性閱讀者好。

依據 Mayer（林清山譯，1997）所列舉的文章結構訓練法中的結構形式，分別是鏈結（networking）、頂層結構（top-level structuring）與基模訓練（schema training）。

「鏈結」將說明文內容分為三種結構：階層結構、連鎖結構與群集結構。每一種結構有其特定的鏈結方式。

1. 階層結構包含「部分」鏈結（例如：是…的一部分、是…的一段等）與「類型」鏈結（例如：是…的一形式、是…的一部門等）。

2. 連鎖結構則是「導致」鏈結（例如：導致、引起、造成等）。

3. 群集結構則含有「類似」鏈結（例如：相似於…、類似於…等）、「特徵」鏈結（例如：特徵是、性質是等）以及「證據」鏈結（例如：以…為例、是…的證據等）。

　　「頂層結構」則將說明文分為五種結構：共變、比較、聚集、描述與反應。

1. 共變是指將先行事件與後果事件之間的因果關係，類似於網路建造的「導致」鏈結。

2. 比較則是指出二個或多個主題間的相似性與相異性，同於群集結構的「類似」鏈結。

3. 聚集是指一些物體或事件或意念隸屬於同一群體或成為時間或空間系列，類似於網路建造的「階層結構」。

4. 描述是對細節、屬性、解釋、或背景的一般陳述，同於群集結構的「特徵」鏈結和「證據」鏈結。

5. 反應指的是對問題與疑問的回答與解決方式。

　　「基模訓練」將說明文分為五種結構：概括化、列舉、序列、分類與比較／對照。其中比較／對照與頂層結構的比較相似。概括化則類似網路建造的「特徵」鏈結與頂層結構的描述。列舉類似於網路建造的「證據」鏈結。分類則類似於頂層結構的聚集類型。

說明文的文章結構雖然有不同的名稱，究其指稱，大同小異（表 3-2）。

表 3-2
說明文中文章結構整合表

鏈結	頂層結構	基模訓練	關鍵詞舉例
類似	比較	比較／對照	相似於、類似於
特徵	描述	概括	特徵是、特質是
證據	描述	列舉	以○為例、是○證據
部分	聚集	分類	是○一部份
類型	聚集	序列	三步驟是、其次
導致	共變（問題解決）		引起、造成、問題、解決方法

取自柯華葳、方金雅，閱讀理解評量 (2010) (p. 172)

柯華葳與陳冠銘（2004）曾以標示關鍵詞、附加問題來提示文章結構，幫助小學一至三年級學生閱讀故事和說明文。在這研究中，我們測量學生識字量與閱讀理解。閱讀理解題目包括問答題（對整篇文章的主題掌握）和是非題（重點記憶）。結果顯示，高識字量學生表現比低識字量學生好，有結構提示的文章有助於學生對主旨和重點的理解表現，附加問題則還幫助到對細節的辨識。換句話說，即使多數人不特別注意文章結構，但透過結構的提示，確實有助於閱讀理解。

再以古文篇文章為例，説明結構有助於閱讀理解。作者先將文章依對話展開。

昔晉文公將與楚人戰於城濮，

召咎犯而問曰：「楚眾我寡，奈何而可？」

咎犯對曰：「臣聞繁禮之君，不足於文；繁戰之君，不足於詐。君亦詐之而已。」文公以咎犯言告雍季，

雍季曰：「竭澤而漁，豈不獲得？而明年無魚。焚藪而田，豈不獲得？而明年無獸。詐偽之道，雖今偷可，後將無復，非長術也。」

文公用咎犯之言，而敗楚人於城濮。反而為賞，雍季在上。

左右諫曰：「城濮之功，咎犯之謀也。君用其言而賞後其身，或者不可乎！」

文公曰：「雍季之言，百世之利也。咎犯之言，一時之務也。焉有以一時之務先百世之利者乎？」

——節錄自 呂不韋《呂氏春秋》

透過對話結構，可以進一步作出比較結構（表3-3）。

表 3-3
比較結構：咎犯 V.S. 雍季

比較層面	咎犯	雍季
回應		
晉文公採用		
獎賞		

由上例看到結構有助於拆解連續的文字，釐出一個大綱，以利閱讀理解。

五、後設認知 - 理解監控

在閱讀過程中，讀者很主動也很自動的運用他的知識與能力，橋接、理解、推論。「自動」是描述讀者幾乎不察覺自己在抽取既有知識橋接、推論。「主動」是指讀者對自己閱讀歷程及閱讀理解的掌控。例如在文章中碰到陌生的字，有好幾種途徑來處理，使理解全文不受到阻礙。或是馬上查字典，或是不查字典，由上下文、部首、字音來猜字意，當然也可以不去管它是什麼意思，繼續往下讀。當往下讀時，發現「不管它」或是「所猜的字義」與上下文不能配合，可能再回頭看它一眼，此時仍還可以決定要不要查字典。當讀者認為自己不理解，就會想辦法把文章讀清楚，如決定再讀一次，或是請教別人。在閱讀過程中，這種監督理解的認知活動，稱為後設認知（metacognition）。

後設認知是我們對自己的認知活動，包括認知歷程及認知成果的認識（Flavell, 1976）。因有這個機制，當吸取外界知識時，讀者可以判斷讀懂這篇文章要花費多少時間，包括對自己的已知、未知、長處、短處及需求和興趣做一個衡量。若決定去學習一項自己不是很清楚的事物，會想該怎麼學？用什麼方法學？對自己會是最有效的。這都是後設認知的工作。以更簡單的話來說，當讀者知道自己不知道，並開始想方法使自己知道或是決定放棄，不給自己添麻煩，或是依自己的需要挑知識來學，都是後設認知的工作。在閱讀中，我們將後設認知視為「監督」理解的機制，就像上面所提遇到陌生字的例子。所以，有的研究直接以理解監控稱後設認知。

Markman（1979）曾以不連貫的文章來檢視小學三、五、六年級學生對不連貫內容的覺知。在實驗過程中，Markman不斷告訴學生，文中有些地方不清楚，然，只有六年級學生發現這些文章的漏洞。這個研究指出，後設認知發展與年紀（年級）有關係，真正的理解包括能監督自己的理解及注意到文章是否是可理解，這都需一些時日的培養。Markman 以不連貫的訊息檢視學生理解監控能力的方式被後來的學者沿用，證實理解監控由一年級到三年級的發展趨勢，而一年級對不連貫文本的理解監控能力，在控制解碼、詞彙量與工作記憶後，仍可以預測三年級的閱讀理解成績（Yeomans-Maldonado & Language and Reading Research Consortium, 2017）；另，四年級學生對不連貫文本的理解監控，則可以預測其多文本的閱讀理解成績（Florit et al., 2020）。

目前定義閱讀後設認知且較廣泛為人接受的有 A. Brown 和 S.Paris 兩人提出的後設認知內涵。Brown（1980）認為後設認知包括自己有規則的計畫、監督、測試、修正及評鑑自己的學習。在閱讀理解中的後設認知能力可分為：

1. 釐清閱讀目標，
2. 指出段落中最重要的訊息，
3. 集中注意力在重要的內容上，
4. 監督自己是否理解，
5. 問自己是否達成目標，
6. 當發現理解有誤或不理解時有修正的行動。

Brown 與 Palincsar（1984）依此發展出來的閱讀理解教學活動在教學心理學裡受到相當的重視，也被許多研究包括台灣的研究者複製。

　　另一也常被引用的後設認知內涵是 Paris 與 Jacobs（1987）的提出來的。Paris 認為後設認知是個人知覺到有關認知狀態或歷程的知識。其中有：

1. 自我評估認知活動（self-appraisal of cognition），包括對：

　　(1) 陳述性知識（個體的命題式的知識）；

　　(2) 程序性知識（個體對思考歷程的察覺）；

　　(3) 條件式知識（個體對於影響學習情境因素的察覺）的評估。

2. 自我管理思考（self-management of thinking），這是上述知識付諸行動。其中包括：

　　(1) 計畫，根據目標選擇合適的認知策略。

　　(2) 評估，分析會影響目標達成的作業性質或個人能力。

　　(3) 調整，監控或指引自己的認知活動。

　　Paris 與其同事根據他們對後設認知的定義，設計教學方案，訓練學生覺察陳述性、程序性和條件性的知識，並教學生評估、計畫、調整其理解歷程（Jacobs & Paris, 1987）。

在國外有研究者以眼動儀研究五年級學生是否察覺連接詞（because 因為和 although 但是）以及這兩個連接詞前後子句的一致性，研究者目的在檢視學生的理解監控，就像上面提及 Markman（1979）以不連貫文章做的研究。研究結果指出學生對於「但是」句子的再讀多於對「因為」句子的再讀，讀「但是」句子，會多次回視重讀第一個子句，且對「但是」前後兩子句有關的目標詞也有更多回視（Vorstius et al., 2013）。這顯示學生是覺知到兩個連結詞所表徵的意思不同。本書作者與同事也以「眼球移動」派典研究國小學童閱讀說明文、故事體，閱讀有圖說的科學文本、大學生處理連結詞、多義詞等之眼球移動的路徑，都觀察到理解監控在其中發揮作用。

理解監控在閱讀過程扮演必要角色，且隨著發展和背景知識增加越能發揮監控功能（如圖 3-8）。這將在第五章繼續討論。

圖 3-8
閱讀理解最高指導原則：連貫－靠理解監控串起文本和讀者背景知識

參考文獻

丘嘉慧、柯華葳（2014）。幼兒科學及數概念發展研究回顧。*應用心理學研究，61*，153-202。

托爾斯泰，列夫（2018）。*學校讓我們變笨嗎？*（楊雅捷譯）。小麥田。

林美珍、黃世琤、柯華葳（2007）。人類發展。心理出版社。

柯華葳（1999）。閱讀理解困難篩選測驗。*測驗年刊，42*（2），1-11。

柯華葳、陳冠銘（2004）。文章結構標示與閱讀理解-以低年級學生為例。*教育心理學報，36*（2），185-200。

柯華葳、詹益綾、張建好、游婷雅（2008）。台灣四年級學生閱讀素養_PIRLS 2006 報告（NSC 96-MOE-S-008-002）。國立中央大學。

柯華葳、方金雅（2010）。閱讀理解評量。載於柯華葳（主編），*中文閱讀障礙*（頁 172）。心理。

蘇宜芬、洪儷瑜、陳博熹、陳心怡（2018）。閱讀理解成長測驗之編製研究。*教育心理學報，407*（4），557-580。

Goodman, K.（1998）。全語言的「全」，全在哪裡？（李蓮珠譯）。信誼。

Mayer, R.E.（1997）。*教育心理學*（林清山譯）。遠流出版公司。（原著作版於 1987）

Anderson, R.C., & Pearson, P.D. (1984）. A schema-theoretic view of basic processes in reading comprehension. In P.D. Pearson (Ed.), *Handbook of reading research* (pp. 255-291). Longman.

Alexander, P., Kulikowich, J., & Schulze, S. (1994). How subject-matter knowledge affects recall and interest. *American Educational Research Hournal, 31*(2), 313-337.https://doi.org/10.2307/1163312

Brown, A. L. (1980). Metacognitive development and reading. In R. J. Spiro, B. C. Bruce, & W. F. Brewer (Eds.), *Theoretical issues in reading comprehension. Hillsdale* (pp. 453-481). Erlbaum.

Buchweitz, A., Mason, R., Tomitch, L., & Just, M. (2009). Bain activation for reading and listening comprehension: An fMRI study of modality effects and individual differences in language comprehension. *Psychology & Neuroscience, 2*(2),111-123. https://doi.org/10.3922/j.psns.2009.2.003

Cook, L., & Mayer, R. (1988). Teaching readers about the structure of scientific text. *Journal of Educational Psychology, 80*(4), 448-456. https://doi.org/10.1037/0022-0663.80.4.448

Flavell, J. (1976). Metacognitive aspects of problem solving. In L. B. Resnick (Ed.), *The Nature of Intelligence* (pp. 231-235). Erlbaum.

Ferstl, E. C. (2007). The functional neuroanatomy of text comprehension: What's the story so far?In F. Schmalhofer, & C. Perfetti (Eds.), *Higher level language processes in the brain: Inference and comprehension processes* (pp. 53-102). Lawrence Erlbaum.

Florit, E., Cain, K., & Mason, L. (2020). Going beyond children's single-text comprehension: The role of fundamental and higher-level skills in 4th graders' multiple-document comprehension. *British Journal of Educational Psychology, 90*(2), 449-472. https://doi.org/10.1111/bjep.12288

Graesser, A., Singer, M., & Trabasso, T. (1994). Constructing inferences during narrative text comprehension. *Psychological Review, 10*(3), 371-395. https://doi.org/10.1037/0033-295X.101.3.371

Hoover, W.A., & Gough, P.B. (1990). The simple view of reading. *Reading and Writing: An Interdisciplinary Journal, 2*, 127-160. https://doi.org/10.1007/BF00401799

Hyönä, J., Lorch, R. F., Jr., & Kaakinen, J. K. (2002). Individual differences in reading to summarize expository text: Evidence from eye fixation patterns. *Journal of Educational Psychology, 94*(1), 44-55. https://doi.org/10.1037/0022-0663.94.1.44

Jacobs, J., & Paris, S. (1987). Children's metacognition about reading, issues in definition, measurement, and instruction. *Educational Psychologists, 22*(3&4), 255-278. https://doi.org/10.1207/s15326985ep2203&4_4

Kim, Y-S. (2015). Language and cognitive predictors of text comprehention: Evidence from multivariate analysis. *Child Development, 86*(1), 128-144. https://doi.org/10.1111/cdev.12293

Kim, Y.-S. G. (2017). Why the simple view of reading is not simplistic: Unpacking component skills of reading using a direct and indirect effect model of reading(DIER). *Scientific Studies of Reading, 21*(4), 310–333.

Kintsch, W. (1988). The role of knowledge in discourse comprehension: A construction-integration model. *Psychological review, 95*(2), 163-182. https://doi.org/10.1016/S0166-4115(08)61551-4

Kintsch, W. (1998). *Comprehension: A paradigm for cognition.* Cambridge University Press.

Kintsch, W., & van Dijk, T. A. (1978). Toward a model of text comprehension and production. *Psychological Review, 85*(5), 363-394. https://doi.org/10.1037/0033-295X.85.5.363

Markman, E.M. (1979). Realizing that you don't understand：Elementary school children's awareness of inconsistencies. *Child Development, 50*(3), 643-655. https://doi.org/10.2307/1128929

McKoon, G., & Ratcliff, R. (1992). Inference during reading. *Psychological Review, 99*(3), 440-466. https://doi.org/10.1037/0033-295X.99.3.440

McNamara, D. S., Kintsch, E., Songer, N. B., & Kintsch,W. (1996). Are good texts always better? Interactions of text coherence, background knowledge, and levels of understanding in learning from text. *Cognition and Instruction, 14*(1), 1-43. https://doi.org/10.1207/s1532690xci1401_1

Noordman, L. G. M., Vonk, W., & Kempff, H. J. (1992). Causal inferences during the reading of expository texts. *Journal of Memory and Language, 31*(5), 573-590. https://doi.org/10.1016/0749-596X(92)90029-W

Oakhill, J. Cain, K., & Bryant, P. (2003). The dissociation of word reading and text comprehension: Evidence from component skills. *Language and Cognitive Processes, 18*(4), 443-468. https://doi.org/10.1080/01690960344000008

Oakhill, J., & Cain, K. (2018). Children's problems with inference making: Causes and consequences. *Bulletin of Educational Psychology, 49*(4), 663-682.

Palincsar, A.S. & Brown, A.L. (1984). Reciprocal teaching of comprehension-fostering and comprehension-monitoring activities. *Cognition and Instruction, 1*(2), 117-175. https://doi.org/10.1207/s1532690xci0102_1

Rumelhart, D.E.(1980). Schemata:The building blocks of cognition. In R.J. Spiro, B.C. Bruce and W.F. Brewer (Eds.), *Theoretical issues in reading comprehension* (pp. 33-58). LEA.

Singer, M. & Leon, J. (2007). Psychological studies of higher language processes: Behavioral and empirical approaches. In F. Schmalhofer & C. Perfetti (Eds.), *Higher level language processes in the brain: Inference and comprehension processes* (pp. 9-25). LEA.

Spilich, G.J., Vesonder, G.T., Chiesi, H.C. & Voss, J.F. (1979). Text processing of domain-related information for individuals with high and low domain knowledge. *Journal of Verbal Learning and Verbal Behavior, 18*(3), 275-290. https://doi.org/10.1016/S0022-5371(79)90155-5

Stanovich, K.E. (1980). Toward an interactive-compensatory model of individual differences in the development of reading fluency. *Reading Research Quarterly, 16*(1), 32-71. https://doi.org/10.2307/747348

Turkeltaub, P., Gareau, L., Flowers, D., Zeffiro, T., & Eden, G. (2003). Development of neural mechansisms for reading. *Nature Neuroscience, 6*(6), 767-773. https://doi.org/10.1038/nn1065

Vorstius, C., Radach, R., Mayer, M., & Lonigan, C. (2013). Monitoring local comprehension monitoring in sentence reading. *School Psychology Review, 42*(2), 191-206.

Yeomans-Maldonado, G., & Language and Reading Research Consortium (LARRC). (2017). Development of comprehension monitoring in beginner readers. *Reading and Writing: An Interdisciplinary Journal, 30*(9), 2039–2067. https://doi.org/10.1007/s11145-017-9765-x

04

與閱讀有關的
語言因素、
認知因素及環境因素

語言文字是表達、傳遞和紀錄理念、事實和情感的工具，善用這工具是一種藝術，活用這工具也是一種遊戲。正如莎士比亞《迷失的愛》劇本中，其中一句話：「這些文字遊戲就像在一場語言文字的盛宴上，偷了些剩菜殘羹。」…

　　語言文字是活的，隨著時間、隨著不同文字互動交流，尤其在全球化如火如荼的今天，不同的語言文字更是頻繁地相互借用和採納。美國語言學家梅維恆說過：「完全純淨的語言並不存在，語言不斷變化是自然的，不僅如此，借用其他語言的辭彙，實際上是一種健康的現象。」

——摘自劉炯朗，《全球化的語言》

概覽閱讀相關研究文獻，最常見到的論文題目是 OO、XX 等變項與識讀字或是閱讀理解的關係。本章將討論在諸多被研究的變項與變項間關係，對閱讀有什麼貢獻。這些變項基本上可以分為三大類，一是和語言有關的語言變項，如詞彙量、句法覺識。一是和認知有關的如命名、工作記憶、觀點取替等。有研究者因應閱讀階段將這些變項分為低階處理相關因素和高階處理相關因素。最後一類是環境變項，如家中的藏書量等。本章將依閱讀兩大成分，認字與理解來說明這些相關變項。

一、與識讀字有關變項

第一章提到在語言發展過程中除了習得聽說能力，還發展出後設語言覺識。後設語言覺識以語文形式可以區分為：以語音為主的聲韻覺識（phonological awareness）、文字結構為主的構字覺識（orthographical awareness，又稱組字知識）和以詞形式為主的詞素覺識（亦有人翻譯為構詞覺識，morphological awareness）。

稱「覺識」是指對上述三種語文形式的知識及對其之應用能力。這知識是抽象的知識，一般讀者不一定說得出其學理（學術上的道理），卻可以操作。我們或可稱之為「語感」。例如我們熟悉的雙字詞：「誠實、誠心、誠意」，若將每一詞的前後字位置調換：「意誠、心誠」，意思上都可以接受，但「實誠」似乎不合理。多數人包括小學生可以做出此判斷，只是說不出為什麼「實誠」聽起來怪怪的。又如師範大學葉德明教授曾以「阿拉巴馬」來稱呼中文的語尾助詞，提到外籍生學習它們的困擾（如圖 4-1，私人溝通）。這就是語感，是母語者可以輕易掌握，外語學習者卻倍感困擾的語言精髓。

圖 4-1

因語尾助詞不同，意思都不同

　　針對拼音文字學生閱讀學習，美國國家閱讀小組 National Reading Panel（NRP, 2000）提出五個柱石，意思是有這些柱石才能穩當的發展閱讀能力。五柱石分別是：

1. 音素覺識（phoneme awareness）。
2. 一字母一音，字母拼讀（phonics）。
3. 流暢度（fluency）。
4. 詞彙發展（vocabulary）。
5. 閱讀理解（reading comprehension）。

　　為促進學生學習閱讀，學者們歸納出三個關鍵的學習目標（Adams, 1990；Rayner et al., 2001）：

　　目標 1. 了解語音和字母間的關係及拼音規則，包含上述
　　　　　 美國國家閱讀小組提出的 1. 與 2.

　　目標 2. 應用既有的知識和策略讀出意義，包含上述 4. 與 5.

　　目標 3. 流暢的閱讀（上述 3.）。

其中目標 1. 了解語音和字母或文字間的關係，不論是拼音文字或中文都成立。大部分英文字母可以和口語對應，拼出單字（word）來。中文雖不是拼音文字，在音與字對應上亦為一字一音。因此幼兒也要了解每說一個字音，有一個可以對應的中文字。不同的是，拼音字母的單位是音素，中文字音單位是音節。教學上，我們不強調音素覺識能力的培養，但同樣看重字與音的對應。例如在幼兒園教保活動課程大綱語文領域特別提出「辨認兒歌與童詩的韻腳」和「知道語音可以組合」兩個學習指標（教育部，2016）。

彙整過去關於中文閱讀相關因素研究文獻，讀中文字的先備條件大約有：

1. 語音覺識／聲韻覺識、
2. 組字知識或稱構字知識、
3. 詞素覺識、
4. 詞彙、
5. 快速唸名（rapid naming）。

其中構字知識常被研究者放在詞素覺識中一併處理（王宣惠等，2012）如圖 4-2，以下將進一步說明。

圖 4-2
讀中文字的先備條件

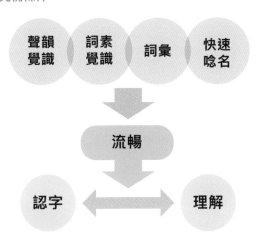

流暢指閱讀的速度和順利程度。因為認知運作有限的工作記憶容量（請見本章工作記憶一節），閱讀時若花費時間逐一辨識字詞，會造成認知空間不夠進一步整合命題，處理句意或是段落大意，因此閱讀流暢度被認為是必要培養的能力（NRP, 2000）。通常計算流暢度是以一分鐘（60 秒）可以讀多少字，但是要扣除讀錯的字。

流暢度 = 一分鐘唸出的總字數 − 唸錯的字

在閱讀過程中若讀得不流暢，表示讀者遭遇困難，例如學生讀文言文時的斷斷續續，可能有字讀不出來，或是字都會讀，但無法建構命題、整合命題（第三章），還在文章中徘徊。

至於詞彙，是大多數閱讀研究中一定會測量的變項。基於詞帶有意義，與文本理解和知識建構關係密切。研究者提出，詞彙越豐富，讀者會重整概念和詞間意義關係，也更細分語音（或音素）以納入既有知識結構中，這稱語意重組假設（lexical restructuring hypothesis）（Verhoeven & Perfetti, 2011）。換句話說，詞彙豐富不但影響高層次的理解，也影響低層次的語音分析，它的重要性不可小覷。在本章介紹的研究中，大都可以看到詞彙的身影。

以下將就詞素覺識、快速唸名與識讀中文字的關係分別說明之。聲韻覺識與識讀中文字的關係已於上一章討論過，在此不再重複。此外，研究文獻上還提到工作記憶、文法覺識、理解監控等因素將在下一節與閱讀理解有關的變項中討論。

（一）詞素覺識

　　和聲韻覺識定義相似，詞素覺識指「個體對詞素（morpheme）及結構有所認識及操控它的能力」。詞素是語言中最小的意義單位。詞素包含基本字（base words）、詞首（prefix）與詞尾（suffix）等（如表 4-1）。因著詞素為有意義的語音，透過構詞組合，本質上應與理解更為相關。

表 4-1
基本字加詞首、詞尾示例

基本字	+詞首	+詞尾
paint	re-paint	repaint-ed
happy	un-happy	happi-ness
nation	inter-nation-al	nation-al

　　英文構詞大致可分成屈折（inflection）、派生（derivation）以及複合（compound）（Kuo & Anderson, 2006）。屈折是為因應英文語法需求而產生的構詞方式，例如第三人稱單數動詞的 -s，過去式的 -ed。屈折不改變詞性，也不創造新詞。派生詞是加上詞素改變基本字的意思，如 program 加上 er 成為人 programmer（程式設計師），explain 加上 tion 變名詞 explanation，而加上 able 變形容詞 explainable。複合詞則是合成二至三個基本字而成的新詞，如 cupcake, forecast, worksheet, sunflower, over-the-counter 等。

中文因著一字一音節對應一個詞素的特性，複合詞是中文主要的構詞方式，如吃飯、長短、紅花。基本上，中文雙字詞在所有詞中的比例佔 80% 以上（Zhou et al., 2018）。中文也有派生詞如「學者」由「學」與詞綴「者」組成，其它如武士、騎士、紳士的「士」；洋式、日式、法式的「式」。中文詞素為單音節亦有例外，如「葡萄」、「垃圾」是雙音節的詞素，因其中的字各自無法獨立成詞。

研究者定義中文詞素覺識的內涵大致有：「語意部件覺識」、「詞素區辨覺識」、「釋詞覺識」、「構詞覺識」與「構詞規則覺識」等五類。以王宣惠等（2012）研究所定義的為例：

1. 「語意部件覺識」強調中文字部件所提供語意的訊息，這定義同於構字覺識。例：哪一個與植物的意思沒有關係？（1）花、（2）苞、（3）泡、（4）草。「泡」沒有草字頭不屬植物。

2. 「詞素區辨覺識」著重詞素的區辨與認識。例：挑出共同詞素但意義不同者，（1）籃球、（2）足球、（3）地球。三者皆有球，但地球的球不同於足球和籃球的球。

3. 「釋詞覺識」對中文複合詞的詞義理解與推論。例：射手：（1）舉起手把箭射出去、（2）一個很會射箭的人、（3）射到很遠的地方、（4）手被箭射傷了。答案是（2）一個很會射箭的人。

4. 「構詞覺識」根據詞素建構新詞彙，如在商「品」題中，提出「物品」則為正確，若提「品德」則為錯誤。

5. 「構詞規則覺識」強調對詞素組成規則的掌握。分為「可能出現之假詞」與「不可能出現之假詞」兩類。「可能出現之假詞」符合詞素組成規則但實際上不存在的詞，如「猛健」。不可能出現的詞就是不合詞素組成規則且不存在的詞，如「書清」。

　　王宣惠等（2012）研究小學三年級和四年級學童詞素覺識與閱讀理解和識字的關係。上述五項覺識測驗，學生平均答對率如下：「語意部件覺識」92%，「詞素區辨覺識」90%，「釋詞覺識」64% 與「構詞覺識」54%（「構詞規則覺識」計算方式複雜，請見王等原文）。四年級學生只在「釋詞覺識」和「構詞覺識」表現比三年級學生好。進一步分析，研究者發現「釋詞覺識」、「構詞覺識」與「語意部件覺識」三項詞素覺識力對閱讀理解共有 46% 的解釋量，其中以「釋詞覺識」解釋變異量 38% 為最高；「構詞覺識」次之，在「釋詞覺識」之外，對閱讀理解仍有 6% 的解釋力；而「語意部件覺識」最低，在「釋詞覺識」與「構詞覺識」之外，解釋力為 3%。在控制智力與詞彙量後，「釋詞覺識」、「構詞覺識」與「語意部件覺識」等三項詞素覺識對中年級閱讀理解有 14.4% 的獨立解釋量。

　　「釋詞覺識」的詞都是由高頻字組成的低頻詞，因此學生可能識字卻不認得詞。由「釋詞覺識」高於「構詞覺識」對閱讀理解解釋量，很可能表示學生對詞的理解（comprehension）先於使用詞素構詞（production[2]），即使學生不熟悉這些詞，由認得的字可以釋詞。至於「語意部件覺識」和「詞素區辨覺識」有這麼高的通過率，表示至少三年級學生已經掌握字部件以及單字的意思了。這可以回應第二章曾提到小學三年級學生的平均識字量已算脫盲。然在詞素覺識上他們還有發展空間就是善用詞素去構詞。

註 2：production 指根據詞素產出新詞彙。

（二）聲韻覺識 vs 詞素覺識

　　前幾章一再重複，在拼音文字閱讀研究中都肯定聲韻覺識對閱讀發展的重要性。但當研究者投入研究詞素覺識後，有研究者討論詞素與音素的關係及它們在閱讀所扮演的角色。Nagy 等（2006）則提出聲韻覺識和詞素覺識算是兩個獨立變項的疑問。當構詞只是加上字首、字尾，這是讀音上的一個轉換（phonological shift），讀出字首、字尾，如 dark/dark-ness, act/act-ive。為回答此問題，他們的詞素評量主要測試學生對字尾的理解，包括假字加上字尾。他們設計的題目如：

1. Did you hear the ___。選項為：Directs, directions, directing, directed.
2. When he got puppy, 選項有 He was no longer dogless. He was in the dogless.
3. Our teacher taught us how to ____ long words. 選 項 為：Jittling, jittles, jittled, jittle.

　　Nagy 等人測了四年級到九年級三個年段的學生，項目有聲韻覺識、詞素覺識、選擇與句中某詞彙意思相近的詞彙（稱詞彙知識）、閱讀理解、拼音、讀屈折詞但字尾讀音有變化，如 ed 與不同字一起，發音有三種 /d/, /t/, /Id/、讀有字首如 mis, re, de, im 的假字、還有讀加上字尾或是字首的不規則字，如 tongue/ betongue, ocean/ oceanward，以及快速讀出詞素上相關的詞組和屈折詞語音上透明（字尾讀法一直不變）或不透明（字尾讀音會改變如上述 ed 例）。用這麼多測驗，目的是要分開詞素覺識和聲韻覺識，避開所謂詞素覺識只是語音上的轉換。

研究結果看到聲韻覺識與各項詞素覺識測驗都有正相關。若以結構方程式模式（structural equation modeling）分析，詞素覺識可以分別直接解釋三個年段 .67-.85 的詞彙知識。詞素也可以分別直接解釋三個年段 .65-.76 的閱讀理解。而詞彙知識則可以解釋六至七、八至九年級的閱讀理解 .67-.72。聲韻覺識則沒有進到結構方程式模式中。Nagy 等人努力説明了詞素覺識對詞彙與閱讀理解有獨立且重要的貢獻度。

Deacon 與 Kirby（2004）以四年時間追蹤加拿大兒童由二年級到五年級。測驗包括二年級測找異音的聲韻覺識，同時測類比構詞覺識。研究者給三個句子，如：Peter plays at school. Peter played at school. Peter works at home. 要學生類推答出第四句。此外學生也接受語文和非語文智力測驗。每個年級都測的有假字解碼、讀字和短文閱讀理解。結果指出，可以預測三至五年級讀字成績的是智力、二年級讀字、聲韻覺識。預測三至五年級閱讀理解成績的則是智力、二年級閱讀理解，聲韻覺識則貢獻 1%-2.5%，詞素覺識對四年級和五年級閱讀理解有 2%-3% 的預測力。基於詞素與音素有重疊，統計上有高相關，研究者的解釋是詞素覺識不能解釋讀字的變異，只對閱讀理解有貢獻。Deacon 和 Kirby 的研究指出，聲韻覺識對讀字有貢獻，詞素覺識對閱讀理解有貢獻。詞素覺識與聲韻覺識有不同構念，各有自己的成分。這和 Nagy 等（2006）的研究結論相近。

在台灣，胡潔芳（2008）以三年級小學生為對象，給他們的測驗包括：1. 構詞覺識測驗，題目如，「一個照顧兒童的地方，我們叫它托兒所，一個照顧小鳥的地方，我們叫它什麼？」2. 記憶廣度。3. 修訂畢保德圖畫詞彙測驗。4. 聲韻覺識測驗，以音節為單位，包括刪音和選出異音。研究結果指出，與構詞覺識最有關係的是詞彙能力，而在控制記憶廣度和詞彙成績後，僅剩刪音節、選異音能預測 6% 構詞覺識的變異量，雖預測量不高，但是有關係存在。

胡潔芳與同事（2013）亦曾以台灣某國際學校一年級和五年級學生為對象，探討英語和漢語各自的聲韻覺識及構詞覺識間的關係。漢語構詞題目有 1. 詞素組合任務。如「蜘蛛織的網叫蜘蛛網，如果螞蟻會織網，織的網叫做什麼？」期待受試者回答「螞蟻網」。2. 複合詞產出測驗。題目如，「有隻獅子，它雙手很長，我們應該叫它做什麼？」答案為「長手獅」。研究結果顯示，在漢字認讀上，當控制年齡後，雖聲韻覺識與漢字認讀有相關，但在控制了構詞覺識後，其相關性變得不顯著。相反的，控制了漢語聲韻覺識後，漢語構詞覺識仍有效預測漢字認讀。對英文認字來說，同樣控制年齡後，英語複合詞覺識最能解釋英文認字能力，英語構詞覺識比英語聲韻覺識有更好的預測力。但在控制英語所有後設語言變項後，無任一漢語的後設語言覺識能顯著預測英文認字的變異量。這結果似乎顯示兩種語言學習有各自的管道。胡等人的研究指出中文詞素覺識與中文詞彙能力及認讀中文字皆有關係，而聲韻覺識與詞素覺識也有關係。

　　一個在北京由幼童 4 歲開始到 11 歲的長期追蹤調查研究，每年給學童測試一次，測驗項目包括，音節刪除（如公車站，刪站）、音素刪除（如 shul 刪 sh 剩下 ul）、構詞覺識，包括詞素建構（長鞋子的樹叫？）和找詞素（麵是麵包、面子哪一個？）、認字、聽寫二字詞和三字詞、閱讀流暢度（讀句子判斷是否正確＋時間限制三分鐘）、閱讀理解。研究者將六歲以前的表現稱前識字期（pre-literate），七歲稱後識字期（post-literate）。結果指出前識字期的刪音節可以預測 11 歲時的認字。前識字期的刪音節、構詞覺識亦預測後識字期的構詞覺識，再預測 11 歲時的認字、聽寫、流暢度和閱讀理解。前識字期的音節覺識也可以直接預測認字和聽寫。研究者特別強調，因為音節和詞素是中文字的單位，因此聲韻覺識、詞素覺識都對閱讀理解有預測力（Pan et al., 2016）。

　　還有一華人地區 - 香港的研究。香港學生在學校雙語同時進行，但有許多來自南亞的學生（如巴基斯坦、尼泊爾）的中文是屬第二語言學習。研究者探討母語中文和二語中文學生學中文和英文間的關係。測驗包括中、英文的認字、聽寫、詞彙知識、聲韻覺識（刪去音節、刪去首音）、中文構詞覺識、視覺空間能力、中文組字知識、非語文智力測驗以及仿寫不熟悉的字形。結果，控制年級和非語文智力後。對中文母語學生來說，中文歸中文，中文構詞覺識與中文讀詞、聽寫有關。對中文是二語生來說，中文讀詞、聽寫和英文讀詞、聽寫都有關，聲韻覺識也與這些變項有關。研究者的解釋是越熟悉中文後，越以中文特點如中文構詞來學中文（Zhou et al., 2018）。西方文獻也指出年級越高，越可以清楚看到構詞覺識對詞彙知識及閱讀理解的貢獻（Nagy et al., 2006）。

在中文，因詞素是音節與音節的聲韻不容易分開，可能造成研究中看到詞素與字、聲韻與詞甚至閱讀理解的關係。整體來說，在中文研究中，聲韻覺識與詞素覺識有關係，但是，可以觀察到較強的關係是聲韻覺識與認字，詞素覺識與詞彙以及詞素覺識和閱讀理解的關係。

（三）快速唸名

快速唸名如名稱所指，在時間限制下，唸出有名字的視覺刺激物如數字、顏色、物體圖片。快速唸名整合視覺注意、提取心理詞彙中的命名並唸出等認知和語言能力。快速唸名重要的是速度和在速度要求下的正確性。這代表讀者對於視覺刺激不論是數字、注音符號、物體圖片等是熟悉的，可以自動提取，且越提取越快。有的研究者以語音轉錄（phonological recoding）、語音命名（phonological naming）稱呼快速唸名（如，Turkeltaub et al., 2003；Wagner et al., 1997）。

曾世杰等（2005）以唸名（數字、物件、顏色）、認字、聲韻（聲調、聽寫、拼音）、工作記憶（口頭順序唸出符合類別的物件，如依原來順序唸出以下的植物：兔子、小草、餅乾、榕樹。正確答案是小草、榕樹）、閱讀理解等，追蹤 75 名幼稚園學生至小學四年級。這些兒童智力與一般兒童相似。追蹤研究結果發現：不同年級有不同變項預測「閱讀理解」，如二年級是語音覺識（一年級聲調）（$r^2=.25$）、三年級是幼兒數字唸名（$r^2=.11$）、四年級則是幼兒數字唸名（$r^2=.25$）加上一年級聲調（r^2 增加 .11）。解釋「認字」的變項則比較一致，二年級是幼兒數字唸名（$r^2=.23$）、三年級是幼兒數字唸名（$r^2=.23$）加一年級聲調（r^2 增加 .09）、四年級則是幼兒數字唸名（$r^2=.12$）。「聲調」在閱讀理解中扮演的角色似乎不

能被忽略。但是,當研究者將語文智商成績納入迴歸,語文智商最能預測二至四年級的閱讀理解能力。不過,學前的數字唸名還可以預測四年級的閱讀理解變異量達 25%,但預測四年級認字變異量只剩 6.6%。

　　有學者以後設分析研究,檢視聲韻覺識、快速唸名研究,各自與中文閱讀正確率、閱讀流暢度的關係(Song et al., 2016),裡面包含台灣學者黃秀霜、胡潔芳、廖晨惠的研究。結果顯示快速唸名和聲韻覺識對閱讀速度和正確扮演同樣重要的角色(表 4-2)。其中聲韻覺識不因作業不同或使用的地方語言(如廣東話或是否使用拼音)而有不同。但是,唸名速度與閱讀關係受作業影響,如使用文字作業比非文字的作業與中文閱讀相關高,且與流暢度的相關高於和閱讀正確率的相關。Song 等人也提出中文流暢度的研究相對少,是需要補強的領域。

表 4-2
聲韻覺識、快速唸名與閱讀正確率、流暢度的關係

相關係數平均	閱讀正確率	閱讀流暢度
聲韻覺識	.365, p<.001	.391, p<.001
快速唸名	-.387, p<.001	-.518, p<.001

雖有研究者看中快速唸名在閱讀中扮演的角色，但因唸名速度、聲韻覺識與流暢性有共同構念，分割下，可能會失去其獨特的預測效果。研究者以三年級學生為對象，探討聲韻覺識、唸名速度和流暢性三者關係，發現，三者間有構念重疊的情形。三者可以有效解釋中文閱讀理解 26% 的變異。但在三個構念的相互影響之下，僅聲韻覺識和流暢性兩者對中文閱讀理解的獨特預測能力達到顯著水準，其中，聲韻覺識（以音節為單位）是中文閱讀理解的最佳預測變項（張毓仁等，2011）。這個研究並未放入詞素覺識，因此無法回應詞素覺識、聲韻覺識、唸名、流暢之間的關係。

　　Kirby 等（2008）文獻回顧聲韻覺識、聲韻解碼（讀假字）、命名速度、字形處理、詞素覺識以及詞彙量與認字的關係。結論是，每個變項間都有共變（covariate），就是都有一部份是相關的。若從教學實驗研究來看，除了命名速度，其他各項都可以透過教學來促進，也能提升閱讀能力。

二、與閱讀理解有關的變項

　　閱讀簡單觀點模式提出閱讀只包括識字與語言理解兩部分，但 Kim（2015, 2017）特別指出此模式原提議者 Hoover 與 Gough（1990）曾提到語言理解是一個包含許多成分的構件（construct），如斷詞（句）、橋接、建構文本或是獲得詞意、延伸意義或是詮釋文本的能力。此外，依據 C-I 閱讀理解模式，理解分低階處理，亦稱文本層次處理和高階處理（第三章）。高階處理包括整合與推論，理解監督和心智理論，屬情境層次處理。文本層次處理明顯的命題，若命題間有矛盾、不一致，

讀者需要評鑑命題，解決命題間的不協調，形成較一致的文本模式。這時也需有理解監督機制（後設認知）來檢視閱讀歷程。其次，理解文本需要認識文中的主角觀點、作者立場等。因此，Kim（2015, 2017）主張心智理論（theory of mind）在閱讀中亦很重要。心智理論指推論他人的心智以預測他人行為。在文本中的一些心智用詞如想、相信、感受等都需心智理論去認識作者或是文中主角的心智歷程。

　　與閱讀理解有關的變項顯然有許多，研究者區分語言和認知兩類（如 Cain et al., 2004；Kim, 2015）。語言層次如詞彙、認字（詞）正確度、文法能力（grammatical knowledge，編制測驗時用的是 syntactic awareness，句法覺識）、推論能力，而在認知操作中，包括工作記憶、抑制、注意力，觀點取替和理解監督。以下將分別討論之。

（一）句法覺識

　　句法知識被提出是因為讀出文本意思需要讀懂詞與詞之間是如何安排的。句法（syntax）可以協助讀者解開（decompose）複雜的詞彙、句子關係以理解文本。

　　舉例說明。

1. Since Tom was fingalting he would not mordle.
   Who was fingalting?
   Why couldn't Tom mordle?

2. John took the packert and strept it on his trudle.

What did John do first?

What did John do second?

What did John put on the trudle?

How did John put the packert on his trudle?

About how long is the packert?

上面 1 和 2 兩句都有讀者不認識的詞，如 fingalt, mordle, packert, strept, trudle。但因有句法結構幫忙，讀者可以回答由這兩個句子產生的問題。這是一種覺識。

中文例：

「『歪而嗚』有許多美麗的國家公園」

若不知「歪而嗚」是 Wyoming，美國的一州，透過上下文，讀者大概知道這是一個名詞，而且可能是一個地方的名稱。因為「有」前面以句法來說會是「誰」有。而有「許多」國家公園的「誰」，若不是某一個國家就是某一個地方了。

句法是否可以與意義分離，也就是說讀者不受句子意思的影響，只注意句子結構如上面例句 1 和 2，這句法覺識對閱讀理解有貢獻嗎？ Cain（2006）設計文法改錯（grammatical correction）測驗，如 The girls climbs the tree. Yesterday, John learn his spellings. 另一是詞彙排序測驗，如 the donkeys /the horse/ races. The girl /the kitten/ brushes。詞序安排受意義影響，相對的，文法改錯可以只關心文法是否錯誤。Cain 找平均七歲和平均九歲兩群兒童，給他們圖畫詞彙測驗、標準化語法圖畫測驗、短期記憶（倒唸數字）、工作記憶（數字）以及閱讀能力測驗，包括唸字正確率和閱讀理解。結果是文法改錯只與詞彙排序有關，與其他研究變項都沒有統計上顯著關係。而詞

彙排序是間接地透過詞彙、文法知識（標準測驗）與記憶力預測閱讀理解和認字。這結果似乎不甚支持句法對理解的關係。但也說明一件事，在閱讀過程中避不開讀出「意義」。也就是本書第二章提到，理解是讀者在文本中尋求意義。

　　中文方面，香港學者在一個長達十年的長期研究中，研究各個語文變項和閱讀理解的關係，其中特別包含了句法覺識。句法覺識測的是（一）聽句子，判斷語法是否正確。（二）連接詞填空。結果研究者觀察到句法覺識和閱讀理解的互動關係。基本上八歲時的聲韻覺識、構詞覺識和詞彙知識等語文變項可以解釋 30%-39% 12 年級的閱讀理解和句法覺識。若再加入 11 年級的閱讀理解，可以再解釋 11% 12 年級閱讀理解的變異量，再加 11 年級句法覺識，再增 4% 解釋力。而 11 年級句法覺識可以解釋 17% 12 年級句法覺識變異量，11 年級閱讀理解再多解釋 2% 12 年級句法覺識變異量（Tong & McBride, 2017）。相同面向的測量相互關聯是一定的，如不同年級的句法覺識間有相關。但不同語文面向間相互關係，如 11 年級閱讀理解再多解釋 2%12 年級句法覺識能力，顯示語文間多面向相互依賴的本質。因此 Tong 與 McBride（2017）以互惠關係（reciprocal relationship）來解釋句法覺識和閱讀理解，但這關係僅略增 2% - 4% 的解釋量。

　　句法覺識的研究相對於聲韻覺識和詞素覺識少。或許是因它與閱讀發展的互惠關係，被大宗的閱讀理解掩蓋住了。這也或許可以解釋 Cain（2006）的研究未見到句法覺識對閱讀理解的貢獻。

（二）工作記憶

　　工作記憶關乎在閱讀過程中資訊處理的資源分配，例如整合不同命題的同時，要由長期記憶系統提取資訊，以整合訊息，且訊息間是否合理、連貫，就需要在工作記憶中處理。讀者在閱讀過程幾乎字字（詞）讀，但讀的每一個字詞無法一字一字（詞）留在短期記憶，因記憶容量負擔不了。讀者會自動形成「命題」。當命題累積一定數量，工作記憶又不能負擔，需要重整，成為有結構的知識（或是階層或是其他組織），有些送到長期記憶，但留下一核心命題以與持續進來的訊息再形成新命題，並核對新進訊息與舊訊息的連貫性。這就是理論上工作記憶在低階或是高階閱讀過程中扮演的角色（參考本書圖 3-4）。

　　命題間關係推理與情境模式的建立也會受到工作記憶廣度、字彙知識與讀者年齡等的影響。Whitney 等（1991）的研究結果顯示，低工作記憶者會產出較多的局部推論而非整體精緻化推論，且無法兼顧局部理解與整體理解，只能專注其一。Calvo（2005）利用眼動對讀者前向推理活動（predictive inference / forward inference）所進行的分析結果則發現，詞彙知識與工作記憶能力有助於讀者進行前向推論。詞彙能力越好的讀者，越不需要在推理時回視目標詞，而工作記憶越佳，其凝視時間與閱讀結尾詞的時間會越短。Calvo 指出，詞彙知識與工作記憶各有不同的功能。詞彙知識用於協助讀者快速地辨認句中需要進行推論的目標詞，工作記憶則是負責整合引導句子所引發不完整的語意與新訊息。

Kim 有兩個研究（2015, 2017）一是以韓國 148 位四、五歲說韓語的學前兒童為對象（2015），一是以美國 350 位二年級學生為對象（2017）。兩個研究都清楚指出唸字和閱讀理解有很強的關係（.72、.74）。聽力理解（語言理解）也直接與閱讀理解有關係（.37、.45），但強度不如唸字和閱讀理解的關係（詳見圖 4-3、4-4）。

至於工作記憶，Kim（2015）研究發現工作記憶對閱讀理解、聽力理解沒有直接關係，透過理解監督、心智理論對聽力理解發揮中度的作用，再透過聽力理解對閱讀理解產生些作用。而詞彙與文法知識相對是基礎工程，學會認字再透過認字解釋閱讀理解。

Kim（2017）以二年級學生為對象的研究再次確認工作記憶與認字較有關係與閱讀理解沒有直接關係。工作記憶或是透過詞彙與文法，再透過心智理論、理解監督間接與聽力理解有關。

圖 4-3
閱讀相關變項間直接與間接的關係

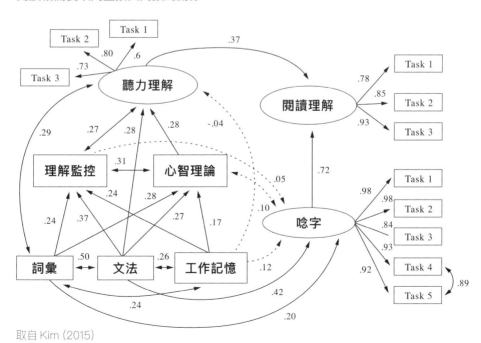

取自 Kim（2015）

圖 4-4
閱讀相關變項間直接與間接的關係

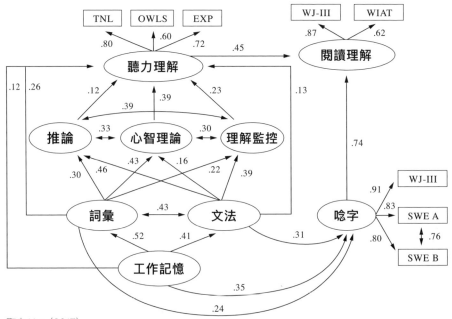

取自 Kim (2017)
該研究使用聽力理解有三個分測驗，分別是：
1) 敘事理解 (Test of Narrative Language, TNL)
2) 口語和書面聽力理解量表(Oral and Written Language Scales, OWLS)
3) 說明類理解量表 (Experimental expository comprehension task, EXP)

　　上述曾世杰等（2005）關於唸名研究中的工作記憶與各項唸名分數都
達顯著負相關，與閱讀理解達正相關，與認字未達統計上顯著相關。當納
入語言智商後的迴歸分析，工作記憶就沒有貢獻度。

　　有一個美國教育部教育研究機構（Institute of Education Sciences）支持
的閱讀長期研究（Reading for Understanding Initiative），分別在美國中、西、
南部四個區域和英國蒐集幼兒園至三年級學童閱讀相關的資料，包括詞彙、
語法、高階語言能力（如理解監控（請見第三章理解監控一節）、推論、
故事重組）、工作記憶、讀詞、閱讀理解。結果如曾世杰等（2005）的結論，
語言變項預測閱讀理解，工作記憶則否（Language and Reading Research
Consortium & Yeomans-Maldonado, 2017）。

　　在眼動研究中也看到記憶能力，不論是短期記憶（數字、文字記憶）、工作記憶（反向數字記憶）都與眼動行為（如跳讀、凝視）沒有相關，與跳讀有關的是四年級學生讀字的能力（de Leeuw et al., 2016）。詞彙、閱讀推理、故事體結構處理等閱讀技巧，對閱讀理解表現的解釋力也獨立於工作記憶之外，有自己的貢獻（Cain et al., 2004）。

　　至於理解監控（後設認知）與工作記憶的研究，Schwartz 等（2004）的研究發現，讀者的後設認知越好，越能減輕工作記憶的負擔，增進文本的記憶。因此，讀者有足夠的專業知識、語言能力與後設認知技能時，能降低工作記憶不足對線上閱讀表現的影響。

　　看起來，閱讀理解歷程需要工作記憶，但當考量語言因素，如語言智商、讀者背景知識與閱讀理解的關係，工作記憶與理解的關係變得間接甚至無關。

（三）識字、理解監控與閱讀理解

　　識字、詞彙與閱讀理解應密切相關（如 Kim, 2015, 2017；Language and Reading Research Consortium, 2015；Language and Reading Research Consortium & Yeomans-Maldonado, 2017）。然而，許多長期追蹤研究顯示，隨年級增加，認字與理解的關係漸弱（Oakhill et al., 2003）。Cain 等（2004）追蹤學童從八歲到十一歲，測量他們的讀字正確度（每一年測）、閱讀理解（每一年測）、口語 IQ、圖畫詞彙、推論和統整、理解監控、工作記憶（數字、句子長度）以及故事結構。結果發現，僅九歲時的讀字正確度與閱讀理解、推論、理解監督等達統計上顯著的相關。十一歲時僅剩理解監督和讀字正確率有相關（如表 4-3）。

表 4-3
三年齡層與讀字正確率有關的因素

讀字 正確率	閱讀 理解	統整 / 推論	理解 監督	故事 結構	工作記憶 （句子）	數字 工作記憶
八歲	X	X（統整）	X	X	X	X
九歲	.397***	X（推論）	.254***	.274***	.321***	X
十一歲	X	X（推論）	.412***	X	X	X

註：X 表無統計上的相關

　　若以十一歲閱讀理解為依變項，控制讀字正確率、詞彙量、口語 IQ，數字工作記憶的作用不復存在，但推論統整和理解監控有其貢獻度。研究者解釋隨著年紀增長，與閱讀理解有關的是理解成分中的理解監督和推論統整。

　　第三章提到理解監控是逐漸發展出來的。Oakhill 與 Cain（2012）長期研究七歲兒童（英國入學第三年）到八歲（第四年）、十歲（第六年）閱讀能力和閱讀相關變項間的關係。他們採用的變項有：閱讀能力（包括閱讀速度、閱讀理解和讀詞正確度）、詞彙、聲韻覺識（挑出異音、刪去音素）、工作記憶（語文和數字）、文法知識、IQ、推論與統整（理解）、理解監控、故事結構。結果指出，七歲和十歲時，讀詞正確度與閱讀理解無關，七歲時讀詞正確率與詞彙、閱讀速度和刪去音素有關。八歲，讀詞正確度與閱讀理解有關，與閱讀速度、詞彙、語法知識、刪去音素有中度相關，與故事結構和語文工作記憶有低度相關。十歲時，讀詞正確度與閱讀速度、詞彙、刪去音素有關。三個年級的閱讀理解與聲韻覺識（刪去音素）及數字工作記憶無關，與其他變項有關。這個研究指出，不同年級，閱讀相關變項間有不同強度的連結。但不可否認，其中

最強的關係是三個時間點的閱讀理解間之關係，以及三個時間點讀詞正確度間之的關係。而第一時間點的閱讀理解可以預測第二時間點的推論與理解監督。第一時間點的理解監控可以預測第二時間點的理解監控，再預測第三時間點的閱讀理解。換句話說，認字是基礎，理解也是一開始就要學習的能力，而且他促進往後更複雜的理解，如推論與理解監控並對往後的閱讀理解有幫助。

Kim（2015, 2017）研究指出理解監控是透過聽力理解，間接與閱讀理解有關係。而 Oakhill 和同事的研究（2003, 2012）理解監控所扮演的角色似乎比較明顯。研究結果不一致的可能的原因是 Kim 的研究對象是學前和二年級學生，Oakhill 等的研究對象是追蹤八、九歲學童到十一歲。而理解監控是需要時間發展出來的能力（第三章）。

由上述研究可以看出聲韻覺識、構詞覺識、唸名、工作記憶甚至識字量在學習閱讀過程中都各司其職，協助閱讀能力的發展，其中聲韻覺識、詞彙等在學前就已開始建立基礎。這些變項間都有互惠關係。以聲韻覺識為例，聲韻覺識影響識字能力，但幼童受教育後，識字能力也促進聲韻覺識發展（Wagner et al., 1997）。隨著發展，上述有些能力被需要的程度可能減弱，特別是越基礎的能力失去對閱讀理解的解釋力，其中最明顯的是聲韻覺識。有些能力則擴大其對閱讀理解的影響力，如推論、統整、理解監督。由長期追蹤研究可以確定的是，不變的是初期閱讀理解預測後來的閱讀理解。

圖 4-5 希望可以幫助讀者進一步認識這些與閱讀有關變項間的關係，而由左到右代表閱讀階段。

圖 4-5
閱讀歷程成分間關係圖

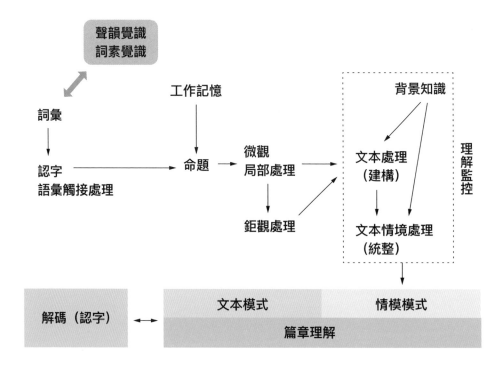

三、與閱讀發展有關的環境因素、個人因素

　　在閱讀相關研究中，環境因素和個人因素常被提出來加以研究，因它們都與學生的閱讀表現有關係。環境因素例如教學方式、閱讀設備、家中父母閱讀的狀況，包括父母親的閱讀頻率與動機。就如第一章提到父母的語言和親子共讀會影響幼童的語言和閱讀發展一樣。另有個人因素，如性別、閱讀動機、自信也與個人的閱讀成就有關係。以國際教育成就評鑑協會（IEA）主持的閱讀素養能力國際評量（Progress in International Reading Literacy Study, PIRLS）所調查各項與閱讀相關因素為例（如圖 4-6），在台灣的狀況如下：

（一）個人因素

1. 性別表現有差異，2016 年台灣四年級女學生成績顯著優於男學生，但，在 PIRLS 說明文上，男女學生沒有顯著差異。
2. 學生閱讀興趣及行為和閱讀表現有關係。如：
   (1) 學生閱讀興趣越高，閱讀成就越高。
   (2) 學生對閱讀的自我評價（自信）越高，閱讀成就也越高。
   (3) 每天習慣利用半小時以上時間閱讀的學生，閱讀表現較佳。
   (4) 一個月或一星期至少去圖書館 1 至 2 次借書的學生，閱讀表現會比臺灣的總平均成績好。
   (5) 在課堂上獨立閱讀的行為頻率越高的學生比低頻率者閱讀成績高。
   (6) 使用閱讀策略較頻繁的學生，閱讀成績比較優。

（二）環境因素

1. 家庭閱讀環境，包括家庭提供的教育資源、家中的藏書量、學前親子閱讀活動頻率、父母閱讀態度與學生閱讀成績都有正相關。
2. 學校（教學）閱讀環境，包括學校藏書量，教師是否鼓勵學生使用閱讀策略等與學生閱讀成就有關。
3. 城市（人口在 50 萬以上）與鄉村（人口在 5 萬以下）學生平均表現有差異。不到五萬人口的小村鎮學生平均低於城市學生表現。

圖 4-6
PIRLS 調查與學生閱讀的環境因素與個人因素

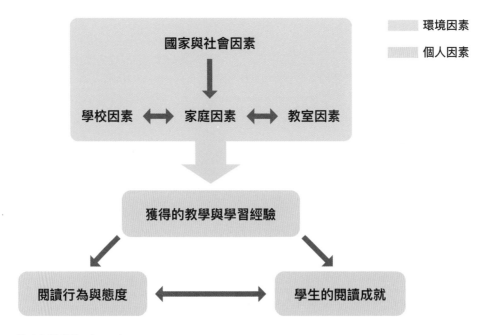

取自柯華葳等（2008）

環境因素對個體發展有影響力，如語言發展、閱讀發展是肯定的。但個體因素，如閱讀動機、閱讀興趣是閱讀成就的因或是果，引起學者討論。有研究者探討閱讀動機的影響力，但更有閱讀學者以動機是果，因為學童可以讀、會讀，更積極尋找、挑選閱讀的環境和閱讀材料。Stanovich（1986）用 Anbar（1986）以主動且活潑的個體與環境交互作用（active and evocative organism-environment correlation）來描述積極的讀者。這當中包括積極閱讀的兒童會引出父母親的改變，如讓父母更關心閱讀，也對其閱讀需求更有回應。

德國研究者曾將動機分類，研究小學三年級學生到四年級閱讀動機的變化。研究者將動機分為：

1. 投入型：題目如，我讀是因為有趣。我讀因為書和故事非常吸引人。
2. 好奇：題目如，我讀是因我可以學更多有趣的東西。我讀是因我可以學新東西。
3. 競爭：題目如，我讀是因我可以比班上同學表現好。我讀是因有好的閱讀力對我是重要的。
4. 被認可：題目如，我讀是因別人認為多讀對我是好的。我讀是因別人說閱讀是重要的。

研究者依這四類的分數，找出四組學生，高內在動機組（高投入、高好奇）、高投入（投入外，其他三者皆低）、高閱讀量組（四類都在平均以上）和中閱讀量組（相對高閱讀量組，四類分數都較低）。研究者分析動機與閱讀理解成績關係，整體而言，動機與認字、句子理解都沒有統計上的關係，而以內在動機組的篇章理解成績最優。閱讀量上，中閱讀量組的閱讀量在四組中最低。至於由三年級到四年級動機的改變，64.9% 學生維持在同樣的組別裡，高閱讀量組學生則較多移入內在動機組（Schiefele & Loweke, 2018）。是高閱讀量帶出內在動機還是動機促成大量閱讀？

我們不否認動機在閱讀上扮演的角色。學生需要適齡、適性的讀物，可以引起他們的閱讀動機，但是若閱讀能力一直沒有到位，學生讀不出一個所以然，再怎樣提供外在誘因，可能都是枉然。

參考文獻

王宣惠、洪儷瑜、辜玉旻（2012）。小學中年級學童詞素覺識與閱讀理解之相關研究。*當代教育研究季刊，20*（1），123-164。

胡潔芳（2008）。兒童漢語構詞覺識與聲韻覺識之關係。*華語文教學研究，5*，45-66。

柯華葳、詹益綾、張建妤、游婷雅（2008）。台灣四年級學生閱讀素養_PIRLS 2006 報告（NSC 96-MOE-S-008-002）。國立中央大學。

教育部（2016）。幼兒園教保活動課程大綱。105 年 12 月 1 日發布。教育部。

張毓仁、邱浩正、柯華葳、曾世杰、林素貞（2011）。聲韻覺識、唸名速度和流暢性對中文閱讀理解的影響。*教育與心理研究，34*（1），1-28。

張苾含、胡潔芳、陳俊光（2013）。英漢雙語學童聲韻覺識及構詞覺識與英漢認字能力之相關研究。*教育心理學報，45*，201-220。

曾世杰、簡淑真、張媛婷、周蘭芳、連芸伶（2005）。以早期唸名速度及聲韻覺識預測中文識字與閱讀理解：一個追蹤四年的研究。*特殊教育研究學刊，28*，123-144。

劉炯朗（2017）。全球化的語言。載於劉炯朗（主編），*語文力向上*（p. 228）時報出版。

Adams (1990). *Beginning to read: Thinking and learning about print.* MIT Press. https://doi.org/10.2307/415121

Anbar,A. (1986). Reading acquisition of preschool children without systematic instruction. *Early Childhood Research Quarterly, 1*(1), 69-83. https://doi.org/10.1016/0885-2006(86)90007-4

Cain, K. (2006). Syntactic awareness and reading ability: Is there any evidence for a special relationship? *Applied Psycholinguistics, 28*(4), 679-694. https://doi.org/10.1017/S0142716407070361

Cain, K., Oakhill, J., & Bryant, P. (2004). Children's reading comprehension ability: Concurrent prediction by working memory, verbal ability, and component skills. *Journal of Educational Psychology, 96*(1), 31-42. https://doi.org/10.1037/0022-0663.96.1.31

Calvo, M. G. (2005). Relative contribution of vocabulary knowledge and working memory span to elaborative inferences in reading. *Learning and Individual Differences, 15*(1), 53-65. https://doi.org/10.1016/j.lindif.2004.07.002

Deacon, S.H., & Kirby, H. (2004). Morphological awareness: Just "more phonological"? The roles of morphological and phonological awareness in reading development. *Applied Psycholinguistics, 25*(2), 223-238. https://doi.org/10.1017/S0142716404001110

de Leeuw, L., Segers, E., & Verhoeven, L. (2016). The effect of student-related and text-related characteristics on student's reading behaviour and text comprehension: An eye movement study. *Scientific Studies of Reading, 20*(3), 248-263. https://doi.org/10.1080/10888438.2016.1146285

Hoover, W.A., & Gough, P.B. (1990). The simple view of reading. Reading and Writing: *An Interdisciplinary Journal, 2*, 127-160. https://doi.org/10.1007/BF00401799

Kim, Y-S. G. (2015). Language and cognitive predictors of text comprehension: Evidence from multivariate analysis. *Child Development, 86*(1), 128-144. https://doi.org/10.1111/cdev.12293

Kim, Y-S. G. (2017). Why the simple view of reading is not simplistic: Unpacking component skills of reading using a direct and indirect effect model of reading (DIER). *Scientific Studies of Reading, 21*(4), 310-333. https://doi.org/10.1080/10888438.2017.1291643

Kirby, J., Desrochers, A., Roth, L., & Lai, S. (2008). Longitudinal predictors of word reading development. *Canadian Psychology, 49*(2), 103-110. https://doi.org/10.1037/0708-5591.49.2.103

Kuo, L.-j., & Anderson, R. C. (2006). Morphological Awareness and Learning to Read: A Cross-Language Perspective. *Educational Psychologist, 41*(3), 161–180. https://doi.org/10.1207/s15326985ep4103_3

Language and Reading Research Consortium (2015). Learning to read: Should we keep things simple? *Reading Research Quarterly, 50*(2), 151–169.

Language and Reading Research Consortium, Yeomans-Maldonado, G. (2017). Development of comprehension monitoring in beginner readers. *Reading and Writing, 30*(9), 2039–2067. https://doi.org/10.1007/s11145-017-9765-x

Nagy, W., Berninger, V., & Abbott, R. (2006). Contributions of morphology beyond phonology to literacy outcomes of upper elementary and middle-school students. *Journal of Educational Psychology, 98*(1), 134-147. https://doi.org/10.1037/0022-0663.98.1.134

National Reading Panel. (2000). *Teaching children to read: An evidence-based assessment of the scientific research lietrature on reading and its implication for reading instruction: Reports of the subgroups.* National Imstitute of Child Health and Development.

Oakhill, J. V., & Cain, K. (2012). The precursors of reading ability in young readers: Evidence from a four-year longitudinal study. *Scientific Studies of Reading, 16*(2), 91–121. https://doi.org/10.1080/10888438.2010.529219

Oakhill, J. V., Cain, K., & Bryant, P. (2003). The dissociation of word reading and text comprehension: Evidence from component skills. *Language and Cognitive Processes, 18*(4), 443-468. https://doi.org/10.1080/01690960344000008

Pan, J., Song, S., Su, M., McBride, C., Liu, H., Zhang, Y., Li, H., & Shu, H. (2016). On the relationship between phonological awareness, morphological awareness and Chinese literacy skills: Evidence from an 8-year longitudinal study. *Developmental Science, 19*(6), 982-991. https://doi.org/10.1111/desc.12356

Rayner, K., Foorman, B., Perfetti, C., Pesetsky, D., & Seidenberg, M. (2001). How psychological science informs the teaching of reading. *Psychological Science in the Public Interest, 2*(2), 31-74.https://doi.org/10.1111/1529-1006.00004

Schiefele, U., & Loweke, S. (2018). The nature, development, and effects of elementary students' reading motivation profiles. *Reading Research Quarterly, 53*(4), 405-421. https://doi.org/10.1002/rrq.201

Schwartz, N. H., Andersen, C., Hong, N., Howard, B., & Mcgee, S. (2004). The influence of metacognitive skills on learners' memory of information in a hypermedia environment. *Journal of Educational Computing Research, 31*(1), 77-93. https://doi.org/10.2190/JE7W-VL6W-RNYF-RD4M

Song, S., Georgiou, G., Su, M., & Shu, H. (2016). How well do phonological awareness and rapid automatized naming correlate with Chinese reading accuracy and fluency? A meta-analysis. *Sccientific Studies of Reading, 20*(2), 99-123. https://doi.org/10.1080/10888438.2015.1088543

Stanovich, K. (1986). Matthew effects in reading: Some consequences of individual differences in the acquisition of literacy. *Reading Research Quarterly, 21*(4), 360-407.

Turkeltaub, P., Gareau, L., Flowers, D., Zeffiro, T., & Eden, G. (2003). Development of neural mechanisms for reading. *Nature Neuroscience, 6*(6), 767-773. https://doi.org/10.1038/nn1065

Tong, X., & McBride, C. (2017). A reciprocal relationship between syntactic awareness and reading comprehension. *Learning and Individual Differences, 57*, 33-44.

Verhoeven, L., & Perfetti, C. (2011). Introduction to this special issue: Vocabulary growth and reading skills. *Scientific Studies of Reading, 15*(1), 1-7. https://doi.org/10.1080/10888438.2011.536124

Wagner, R., Torgesen, J., Rashotte, C., Hecht, S., Barker, T., Burgess, S., Donahue, J., & Garon, T. (1997). Changing relations between phonological processing abilities and word-level reading as children develop from beginning to skilled readers: A 5year longitudinal study. *Developmental Psychology, 33*(3), 468-479. https://doi.org/10.1037/0012-1649.33.3.468

Whitney, P., Ritchie, B. G., & Clark, M. B. (1991). Working-memory capacity and the use of elaborative inferences in text comprehension. *Discourse Processes, 14*(2), 133 -145. https://doi.org/10.1080/01638539109544779

Zhou, Y., McBride, C., Leung, J., Wang, Y., Joshi, R. M., & Farver, J. (2018). Chinese and English reading related skills in L1 and L2 Chinese speaking and children in Hong Kong. *Language, Cognition and Neuroscience, 33*(3), 300-312. https://doi.org/10.1080/23273798.2017.1342848

05

眼動研究
與閱讀歷程

學道道：「你考過多少回數了？」范進道：「童生二十歲應考，到今考過二十餘次。」學道道：「如何總不進學？」范進道：「總因童生文字荒謬，所以各位大老爺不曾賞取。」周學道道：「這也未必盡然。你且出去，卷子待本道細細看。」范進磕頭下去了。

　　周學道將范進卷子用心用意看了一遍，心裡不喜道：「這樣的文字，都說的是些什麼話！怪不得不進學！」丟過一邊不看了。又坐了一會，還不見一個人來交卷，心裡又想道：「何不把范進的卷子再看一遍？倘有一線之明，也可憐他苦志。」從頭至尾，又看了一遍，覺得有些意思。…。又取過范進卷子來看。看罷，不覺歎息道：「這樣文字，連我看一兩遍也不能解，直到三遍之後，纔曉得是天地間之至文！真乃一字一珠！可見世上糊塗試官，不知屈煞了多少英才！」忙取筆細細圈點，卷面上加了三圈，即填了第一名。…范進是第一。

　　──摘自吳敬梓，《儒林外史》第三回周學道校士拔真才。

　　如果當年有眼動儀，我們可觀察周學道的眼球在范進卷子上如何來回移動閱讀，以及卷子上哪一些字詞讓周學道費心閱讀。

圖 5–1
眼動閱讀歷程

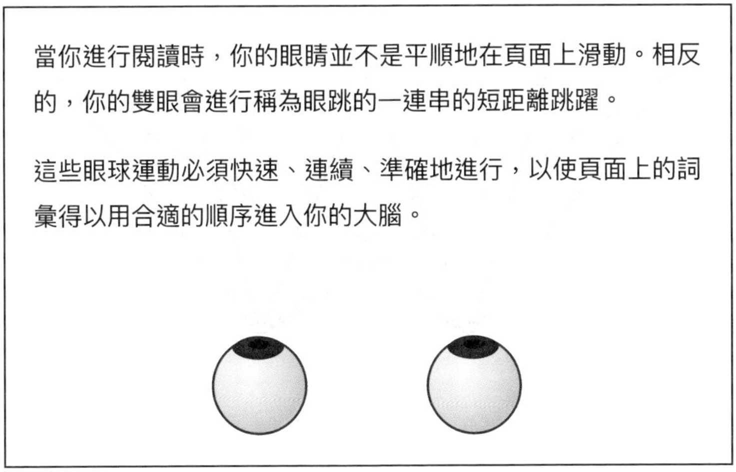

當你進行閱讀時，你的眼睛並不是平順地在頁面上滑動。相反的，你的雙眼會進行稱為眼跳的一連串的短距離跳躍。

這些眼球運動必須快速、連續、準確地進行，以使頁面上的詞彙得以用合適的順序進入你的大腦。

一、眼動研究指標

　　閱讀時，讀者的眼球會隨著文字的印刷順序來回移動。透過追蹤讀者閱讀時眼球移動（Eye Movements）的型態（以下簡稱眼動），研究者可以推論讀者閱讀文本時的動態歷程。研究上，這樣的研究派典稱為眼動追蹤（Eye-tracking Paradigm）。眼動研究使用眼動儀，在眼動儀的螢幕上，中英文的研究材料，文字的排版都像拼音文字般，由左至右。因此，眼動相關的研究，也都觀察到眼球是由左至右移動，注視所讀的材料。

眼動研究有兩個基本指標：眼球移動長度／距離（saccade length）和眼球凝視時間（fixation duration）用來推論閱讀的認知歷程。當讀者停下來凝視某個位置（這個位置可能是一個字，也可能是一個詞）所花費的連續時間，在眼動研究中稱為「凝視時間」，而在兩個位置間眼球快速移動的距離則稱為「移動距離」。眼球移動當下，理論上不會接受新訊息，但是認知上仍可能持續處理上一個訊息與其所激發的訊息（Rayner et al., 2003）。圖 5-2 是眼動的順序和凝視時間。凝視時間以毫秒計算，一秒有 1000 毫秒（millisecond, ms）。

圖 5–2
眼動順序與凝視時間示例

例句一：	紅	樹	林	大	都	生	長	在	熱	帶	型	氣	候	地	區
凝視順序	1/44	2/	3/	4/			5/	9/	6/		7/		8/	
凝視時間	136/114	77	156/	136/			128	118	316/		289		233	

由圖 5-2 所標示出的凝視順序與位置，可以發現在閱讀時，讀者並未凝視每一個中文字（例如紅、都、生這三個字就沒有凝視點）。其次，當讀者凝視某個點時，各凝視點的時間長度並不相同，例如第一個落點在「樹」，停留凝視時間為136ms（millisecond，毫秒），第二個落點在「林」，停留凝視時間為77ms。隨移動順序數字，第八個落點在「區」，而後，從原本的由左往右的順序，變成由右往左，回到「帶」（第九個凝視點）。甚至在第 44 個凝視點又移回「樹」。這些由左至右，右往左的眼球移動，顯示在閱讀歷程中，是一個不斷「來來回回」的歷程。也就是說，讀者的眼球在某個詞上短暫駐留後，快速地移到下一個位置或是往回移動到已經閱讀過的區域

（如圖 5-2）。因此，眼球的移動可再區分出順向移動（forward saccade）與逆向移動（regressive saccade）兩種。逆向的移動稱之為回視（regression）。

以下是研究中常用眼動指標的定義：

1. 讀者每分鐘閱讀的中文字數（characters per minute, CPM, 字 / 分鐘），以反映閱讀的速度。

2. 眼球在不同文字位置上單一凝視的時間（fixation duration, FD），單位為毫秒。凝視表示當下正在處理、吸收訊息（如解字，獲得字義），凝視長短與訊息量、訊息的難度有關。在此又分向前移動的凝視時間（forward fixation duration, FFD），往回移動的凝視時間（backward fixation duration, BFD）。

3. 眼球移動的距離（saccade length, SL），又分為向前移動的距離（forward saccade length, FSL），往回移動的距離（backward saccade length, BSL）。

4. 回視率（regression rate），操作型定義為「往回眼動數佔所有的眼動數的百分比率」（percentage of regressions on total saccades）。研究者推論，眼球往回移動回視是讀者察覺疑惑，或文章內容前後不一致，或其他問題，需要再讀，眼睛往回移動至先前的文字以擷取更多訊息（Rayner & Pollatsek, 1989）

此外，有研究者將眼動指標分成時間序列指標和空間指標（如 Khelifi et al., 2019）。時間序列包括第一個凝視點的凝視時間（First fixation duration, FFD）和連續凝視總時間（gaze duration, GD），亦被當作是閱讀時的初始處理。空間指標則有凝視比例（probability of fixation）、再凝視比例（probability of refixation）、移動長度和略讀。空間處理觸及的是距離、注視落點、跳讀，亦被當作是晚期處理。晚期處理偏向再處理或

是統整（表 5-1）。相對的，初始處理或時間序列處理的是局部訊息。其中全部凝視時間的總和（total reading time），有研究者將之當作是晚期處理（Johnson et al., 2018）。閱讀眼動研究文獻時，需要先理解研究者如何詮釋這些眼動指標，做為該研究在閱讀認知上的推論。

表 5–1
閱讀歷程初始處理和晚期處理的指標

初始處理階段 / 時間序列	晚期處理階段 / 空間
第一個凝視點的凝視時間	重新閱讀總凝視時間
連續凝視總時間	回視率
第一次連續凝視總次數	再凝視比例

取自 Jian 與 Ko（2012）

閱讀的視知覺研究指出，眼球凝視可以分為：視網膜中心區域（foveal region）、視網膜中心近側（parafoveal region）、以及視網膜周緣區域（peripheral region）三個視覺區域。中央窩（fovea）吸收訊息正確度為最佳，次佳為視網膜中心近側。因著瞳孔中央窩的限制，為了取得更多訊息，眼球必須移動。為解釋視網膜中心區和視網膜周緣區域所接收訊息，在此以凝視點 N 和下一個凝視點 N+1 來表示凝視位置。凝視 N 後眼球移至 N+1，對 N+1 的處理受 N 特性的影響，N 的難度、長度、可預測性，影響預覽 N+1 可獲得多少對 N 理解的幫助。以下將介紹眼動研究的一些基礎立論。

二、眼動理論與假設

處理文字的過程中，眼球凝視某個位置上時，注視時間反應思維當下正處理的文字，停留時間久，表示文字或是難或是長（拼音字母多）。這是所謂的眼─心假設（Eye-Mind Assumption）（Just & Carpenter, 1984）。後來學者提出 E-Z reader 進一步解釋字詞的特性如何影響注意力、視覺處理，而有研究者所觀察到的凝視狀態（Rayner & Pollatsek, 1989）。研究者將詞彙處理（lexical processing）分成兩個步驟，由形式或是字形（orthography）或是字音（phonology）判斷熟悉度。提取詞意。研究者以計算模式提出熟悉度，包括詞的出現頻率（frequency）、可預測性（predictability），還有如詞類、拼字的長短（由幾個字母組成）估算凝視時間。例如功能詞（function word，如連接詞、定詞、量詞）被略過比例高於內容詞（content word，如名詞、動詞、形容詞、副詞）（柯華葳等，2005；Rayner, 2009），拼音文字短的詞（兩三個字母組成的詞）大約有 25% 的機會被凝視，而多字母組成的長字詞常常被多次凝視，有八個字母以上的詞幾乎一定會被凝視（Rayner, 2009）。凝視時間長短與字詞的形、音、義特徵有關（Tsai et al., 2004），與所讀材料，如讀說明文或故事體（柯華葳等，2005），且和讀者條件有關係（陳明蕾、柯華葳，2013）。這些都會陸續說明。

雖中文字結構與英文拼音長相不同，中文閱讀和拼音文字閱讀凝視時間是接近的（柯華葳等，2005；Rayner, 2009）。讀拼音文字，凝視點之右可獲得 3-4 個字的空間（character space）訊息，凝視點之左則可獲得 14-15 字空間的訊息。讀

中文，凝視點之右多一個字，之左多 2-3 個字（Liversedge et al., 2013）。這可稱為預覽。當讀者覺得預覽有助於下一個凝視點的閱讀時，對 N+1 的凝視時間會減少。眼動研究指出，只需要有 50-60 毫秒的凝視（研究設計上讓凝視的字／詞消失）（Rayner et al., 2003），不影響讀者閱讀，但是若 N+1 的詞也消失，閱讀就會受阻礙。有趣的是 N 消失，眼球會持續凝視 N 上，凝視多久端視 N 的詞頻高低，若 N 是低頻詞，凝視時間會比較長。

（一）眼球移到哪（眼球往哪裡移）

眼球幾時移動？移到哪？是眼動研究兩個重要議題。簡言之，移到哪，受文本低階特質的影響，如字的長度和詞間空格（泛指拼音文字中，兩詞之間的空格）。拼音文字研究顯示，當刪去詞間空格，閱讀時間會多出 30%-50%，因為讀者需要「斷詞」。若在詞之內加入空格，就是在不該斷詞處斷詞，則妨礙閱讀（Rayner, 2009）。中文文章排版時，字之間無空格，讀者必須自己斷詞。研究者探討若人為將詞斷開，留空格，使讀者心理操作上不需費力氣斷詞，是否有助於小學生閱讀。

林昱成（2009）以國小五年級學生為對象，分一般閱讀能力學生和閱讀困難學生，給他們讀文章，測量他們的閱讀速度和閱讀理解（測驗分別在練習前、第三週後及六週後，以難度相當的不同文章進行測試）。兩組學生隨機分成詞間空格組與無詞間空格組。詞間空格組接受 6 週（每週 5 次，每次 40 分鐘）具有詞間空格文章的閱讀練習，無詞間空格組則接受同樣 6 週讀傳統排版的文章。研究結果發現，對於一般閱讀能力學生而言，詞間空格會令其閱讀速度變慢，即使經過六週的練習，還是影響他們的閱讀速度，但不影響理解。

তok

　　至於閱讀有困難的學生，詞間空格一開始也會讓其閱讀速度變慢，但是經過六週的練習後，讀有詞間空格文章會比無詞間空格的文章速度增快，但他們的閱讀理解力沒有提升。研究者的結語是，詞間空格對閱讀困難者有幫助，但對一般閱讀能力的學生沒有幫助，甚至有干擾，因為一般生本有的自動化斷詞被阻斷，妨礙閱讀的流暢性。然，對閱讀障礙生來說，詞間空格是可以加快閱讀速度，只是對他們的閱讀理解沒有幫助。顯然，理解問題不在是否有詞間空格，而有其他因素的影響。與拼音文字研究比較，拼音文字排版，詞之間本就有空間，中文排版，字與字之間沒有空間，從我們一接觸印刷品，就習慣各自的排版模式。透過人為操作，將沒有空間的改為有，或是有的改為沒有，都干擾因經驗所形成的閱讀習慣。

（二）眼球幾時移動

　　閱讀時，眼球幾時移動受詞頻、詞可預測性、語音特質、語意本質的影響（Kliegl et al., 2006）。前面提過詞頻的效果，詞頻愈高，讀者凝視該詞的時間愈短；反之，詞頻低的詞，讀者的凝視時間愈長（Hyönä & Olson, 1995）。不過，詞頻效果發生在序列處理而不在空間處理（Khelifi et al., 2019），或説發生在初始處理階段而不在晚期處理階段。這顯示，初期、晚期處理在理解上各有各自扮演的角色。這將在簡郁芩等（Jian et al., 2013）的研究中進一步説明。至於詞彙類型的影響，亦如前所述，內容詞比功能詞更常被讀者凝視。研究亦指出，低年級小學生展示了視網膜中心近側訊息促進的效果，然此效果與閱讀能力、閱讀流暢度有關係，反而與年齡關係不大（Haikio et al., 2010；Johnson et al., 2018）。這表示閱讀力增加，預覽能力也增加。

至於語音特質的影響，如同音（cite-> site）或是母音相似（cherg-> chirp vs chord-> chirp）都會減少對 N+ 1 詞的凝視時間。中文閱讀亦有語音效果（Tsai et al., 2004）。而語意的訊息，詞之間相關性，如同義詞（curlers vs rollers）比意思不一樣的詞（curlers vs styling）減少對目標詞的凝視時間。多義詞則視其與前後相關語詞的關聯性。如「跑道」一詞可以是運動場上的跑道，也可以是人生的跑道。當一個人說「換跑道」，讀者可能會浮起運動場或是工作場域兩個情境，來詮釋說者所指的是哪一種跑道。研究指出，句中的多義詞和前後語詞銜接程度對凝視時間和統整時間有影響。例如：

那位廚師讓大家都感到滿意，因為他滿足每一個人的胃口。
那位編劇讓大家都感到滿意，因為他滿足每一個人的胃口。

胃口是多義詞，但較常與廚師一起出現，語意關聯高，和編劇的語意關聯則較低，因此讀者在關聯度低的「胃口」一詞上，凝視時間長（楊芝瑜等，2012）。換句話說，同一個詞在不同的上下文裡，有不同的處理時間，因為認知上已覺察上下文為這個詞多少帶來了意思上的一些改變。

至於略過（skip），前文提過，內容詞被注視較久，相對的，功能詞則較常被略過。幾個短詞連續出現較有機會被略讀。文本上下文銜接緊密（constrained by prior context），亦有較高比例被略讀。針對學童的研究亦指出，較有解字能力學童當視網膜中心近側訊息 N+1 是有效的（與 N 有關聯）時候，他略讀 N+1 的比例增加。

　　中文篇章閱讀研究也觀察到上述的現象，不論年級，不論學生閱讀程度，都顯示低頻詞凝視時間比高頻詞的時間長，且重讀的時間也比較長，凝視內容詞的時間比功能詞長的現象（柯華葳等，2005；陳明蕾、柯華葳，2013；Chen & Ko, 2011）。表 5-2 是大學生閱讀短文，針對功能詞、內容詞和標點符號凝視時間的例子。標點符號雖然凝視時間短，且被略讀比例高（81.46%），但是仍然會被凝視，表示標點符號在文中是有意義的。

表 5-2
說明文中不同詞類與標點符號凝視時間（毫秒計）、略讀狀況

詞類	第一次凝視		重新凝視		略讀 %
	M	SD	M	SD	
功能詞	219.80	60.00	213.48	77.30	57.67
內容詞	226.06	52.69	230.16	7.93	41.84
標點符號	192.10	59.87	219.49	79.50	81.46

　　柯等人提供讀者閱讀的短文是不同文體的文章，但使用的詞在出現頻率和難度的統計上是接近的，但是，讀者使用的閱讀時間卻不一樣。不論以大學生或是小學生為讀者，他們在電腦前閱讀說明文和敘述文各八篇，每一篇大約有 180 個字左右，兩種文體間眼動的差異非常明顯，讀說明文比敘述文時間長。以大學生為例，閱讀敘述文的速度快於讀說明文的速度（$F_{(1, 202)}$ = 29. 91, $p < .0001$）。讀說明文平均一分鐘（CPM）讀 493.12 個字（SD = 153.32）。讀敘述文的 CPM 是 623. 29 個字（SD = 184.52）。至於凝視狀況，如表 5-3。說明文凝視時間和往回凝視時間都比敘述文要長。若以凝視次數計，說明

文也比敘述文多次（表 5-4）。這表示，雖然詞頻接近，但讀者要花較長的時間提取說明文詞意，閱讀過程中也產生較多需要回視的地方，以解決閱讀上產生的困難。這現象一樣發生在小學生閱讀說明文和敘事文上，也發生在小學閱讀障礙學生身上（陳明蕾、柯華葳，2013；Chen & Ko, 2011）。

表 5-3
大學生閱讀不同文體凝視狀況（毫秒計）

指標／文體	說明文		敘事文	
	M	SD	M	SD
單一凝視	224.52	7.42	213.75	3.88
向前凝視	230.74	7.81	216.19	9.22
往回凝視	225.71	10.62	220.03	7.72
重複凝視	230.02	7.46	220.11	11.98

表 5-4
大學生閱讀不同文體凝視次數

指標／文體	說明文		敘事文	
	M	SD	M	SD
平均凝視次數	91.66	9.60	71.23	13.61
往回移動次數	52.52	8.53	35.78	13.36
重複凝視次數	19.19	4.69	11.16	6.52
回視的比率	0.56(%)	0.04	0.49(%)	0.07

閱讀時間、往回移動、重複凝視以及回視比例，讀說明文都比讀敘述文在統計上顯著的多，而且說明文內容詞被凝視的比例亦高於未被凝視的比例，在敘述文中則未見此現象。這顯示讀者感受到說明文的難度。這個難度不是來自單一詞彙的詞頻，而是來自於命題組合後的難度。第三章提過閱讀歷程會先組成命題，命題組合成局部結構，進而融入背景知識形成鉅觀結構。研究中使用的短文主題，如雲的分類、斑蝶遷移、紅樹林生長的環境等都需要一些背景知識的幫助。因此，文體造成眼動型態的不同可能來自於文中概念與概念的整合，也就是讀詞後，形成命題以及整合命題後，或是文本層次或是鉅觀層次上理解的難度增加，不是單詞的問題。

（三）閱讀的整合

Just 與 Carpenter（1984）提出句子結束時凝視時間較長是整合效果（sentence wrap-up effect）的說法，句子結束時的整合時間是指在讀完每個句子最後的凝視時間會較長。研究者以連接詞為例，因為連接詞會提示讀者整合連接詞之前與之後子句的訊息。當讀者接受到連接詞的訊息時，會先將第一子句的語義表徵暫存於工作記憶中，而在讀完第二子句結束時，整合兩個子句訊息，因此時間上會增加，此為延遲整合假設（delayed-integration hypothesis）。研究者認為較長的時間是讀者在整合兩個子句訊息並做推論。

例如：

臺灣教育制度有很多缺點，「但是」造就了諸多研究人才。

這一句有兩個子句，中間以「但是」銜接，讀者讀到「但是」會預期接下來有不同於前一子句的表達，就如 Vorstius 等（2013）觀察到，小學五年級學生讀「但是」句子比讀「因為」句子有較多的回視。因此，延遲整合的假設似乎合理，且 Just 和同事的研究確

實顯示在第二子句結尾的凝視時間較長。然 Pickering 與 Traxler（1998）提出句子訊息的整合與推論歷程不是在句子結束時才產生，觸接每一個詞的當下就已經發生理解與推論，是逐步整合（incrementally integrated），也就是讀到哪裡，理解到哪裡，整合到那裡。Pickering 以花園路徑複雜句（Garden Path Sentence）以及指示詞的實驗說明理解是逐步整合。花園路徑的句子，如『That’s the garage with which the heartless killer shot the helpless man yesterday.』。眼動分析果真看到讀者在 shot 這個詞上已經明顯的增加凝視時間，而非在最後一個字 yesterday 才增加閱讀時間。

詹益綾與柯華葳（2010）也以連接詞「但是」檢視閱讀歷程是延遲整合還是逐步整合（如表 5-1）。參與研究者是大學生，材料設計上有四種：

1. 「但是」且對立關係低的句子
   – 很多野生候鳥帶有禽流感病毒，但是牠們具有病毒的免疫力。
2. 「但是」且對立關係高的句子
   – 每年很多野生候鳥過境臺灣，但是牠們具有病毒的免疫力。
3. 沒有連接詞且對立關係低的句子
   – 很多野生候鳥帶有禽流感病毒，牠們具有病毒的免疫力。
4. 沒有連接詞且對立關係高的句子
   – 每年很多野生候鳥過境臺灣，牠們具有病毒的免疫力。

表 5-5
詞的位置分析

前句	位置一	位置二	位置三	位置四	位置五		位置六
很多野生候鳥帶有禽流感	病毒	（但是）	牠們	具有	病毒	的	免疫力
每年很多野生候鳥會過境	臺灣	（但是）	牠們	具有	病毒	的	免疫力

　　分析時，研究者逐詞檢視其凝視時間（圖 5-3）。首先，如文獻指出，功能詞「但是」比內容詞處理時間少，且跳讀率高、回視率低。然，若沒有「但是」，會增加下個詞的總凝視時間（包含回讀，見圖 5-3，位置 3 後兩條長條圖），顯示讀者覺知前後兩個子句的對立性，特別是位置 3 第四個長條圖（沒有但是，子句間對立又高些），讀者多費些時間處理這個詞。接著，凝視時間最長發生在第 4 和第 5 位置（詞），而不是在最後一個詞（第 6 個位置），表示讀者已覺知前後兩子句意思上的對立，為求意思上的連貫，邊讀邊整合。到最後的位置（第 6 個位置）凝視時間下降，表示讀者已處理或說已連貫了「但是」前後子句的意思。

圖 5–3
逐詞檢視其凝視時間

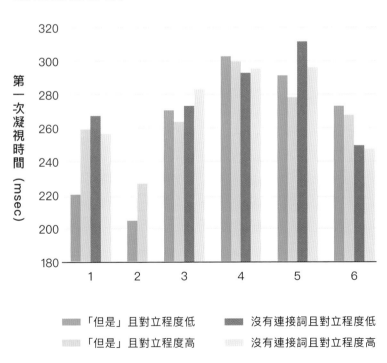

由命題組合來看，邊讀邊理解，邊推論是合乎 C-I 模式理論的。但在句子最後停頓，以整合前後子句的意思，形成鉅觀模式也合理。目前文獻都以兩個子句為閱讀單位，有研究者採用連接詞，有的採用花園路徑複雜句和指示代詞，都會影響讀者整合、推論的時間點。若以篇章為閱讀單位，我相信這兩個現象 - 延遲整合與逐步整合都會發生，端看研究者的閱讀材料設計。

三、閱讀眼動發展

　　在台灣，我們研究過一般學童和閱讀障礙學童閱讀時的眼動狀況（陳明蕾、柯華葳，2013；Chen & Ko, 2011）。閱讀障礙兒童（以下簡稱閱障生）是經過鑑定，其智力一般，且在一般學校接受教育，但或在識字、或在理解，或是兩者都有困難的學生（願意更認識閱讀障礙者，請見中文閱讀障礙一書，洪儷瑜、王瓊珠，2010），學生讀同樣的文本，一般學生每分鐘所讀字數比閱障生多，是預期中的，但隨者年級增加，一般生所需閱讀時間越來越少，閱障生卻不見這樣發展的趨勢。此外在眼球移動上，閱障生由二年級到六年級移動字數都接近，但一般生由二年級的二個字左右到六年級將近五個字（表 5-6）。國外文獻亦指出，年齡越大（年級越高）移動長度越長。陳與柯的資料指出，以讀「高頻詞」來說，五、六年級學生的眼動狀況類似大學生的樣子。這一筆資料除提出兩群組學生發展上的差異，重要的是，閱障生和一般生一樣，不論連續凝視、重讀、總凝視都受詞頻、詞類和文體的影響（表 5-6、表 5-7）。顯然閱讀速度慢，不影響學生發展對詞彙和文體本質的覺識。或許這是為閱障生設計閱讀材料時可以考量的因素。

表 5–6

小學三至六年級一般生和閱障生閱讀說明文和敘述文眼動型態

眼動 指標	年 級	一般生				閱障生			
		說明文		敘述文		說明文		敘述文	
		M	SE	M	SE	M	SE	M	SE
CPM	3	252.56	15.44	262.04	19.23	216.61	16.71	237.89	20.33
	4	304.85	16.33	302.58	16.73	212.30	14.58	261.58	17.74
	5	53.36	16.56	325.98	21.12	204.97	16.71	243.01	20.33
	6	363.55	15.31	402.74	18.51	205.66	14.25	238.90	17.33
平均 凝視 毫秒	3	267.65	17.77	265.89	19.72	265.66	6.53	266.58	7.56
	4	244.30	21.96	234.94	26.21	254.37	7.28	244.47	7.78
	5	235.83	12.88	216.66	10.68	292.83	11.69	283.83	13.93
	6	212.87	6.56	198.87	7.85	262.93	7.56	246.84	6.98
平均 移動 字數	3	2.46	0.51	2.52	0.49	3.12	0.18	3.12	0.21
	4	2.45	0.06	2.54	0.24	3.52	0.16	3.62	0.14
	5	3.19	0.19	3.46	0.16	3.17	0.22	3.55	0.23
	6	4.80	0.35	4.78	0.37	3.20	0.14	3.34	0.16

表 5–7

小學三至六年級一般生和閱障生閱讀受詞頻影響情形（以連續凝視為例）

指標	詞頻	年級	一般生					閱障生				
			說明文		敘述文			說明文		敘述文		
			M	SE	M	SE	N	M	SE	M	SE	N
連續凝視毫秒	高	3	252.56	15.44	262.04	19.23	14	216.61	16.71	237.89	20.33	22
		4	304.85	16.33	302.58	16.73	16	212.30	14.58	261.58	17.74	25
		5	53.36	16.56	325.98	21.12	9	204.97	16.71	243.01	20.33	20
		6	363.55	15.31	402.74	18.51	16	205.66	14.25	238.90	17.33	27
	低	3	267.65	17.77	265.89	19.72	14	265.66	6.53	266.58	7.56	22
		4	244.30	21.96	234.94	26.21	16	254.37	7.28	244.47	7.78	25
		5	235.83	12.88	216.66	10.68	9	292.83	11.69	283.83	13.93	20
		6	212.87	6.56	198.87	7.85	16	262.93	7.56	246.84	6.98	27

整理自陳明蕾、柯華葳（2013）和 Chen & Ko（2011）

　　由眼動發展看到，若詞的特性和文體會影響眼動行為，且視網膜中心近側收到訊息會影響 N+1 的凝視，我們再次肯定背景知識在閱讀中扮演的角色。以下將以閱讀物理篇章進一步說明背景知識影響讀者認字、理解和閱讀策略的使用。

四、由眼球移動看閱讀歷程

（一）識字、理解

簡郁芩和同事（Jian et al., 2013；Jian & Ko, 2014）為探討背景知識在讀詞與理解上扮演的角色，請大學文學院學生、物理系大一學生和物理所碩、博班學生閱讀由科學人雜誌改寫的物理篇章。短文例如下。

物理文章

這幾年來，建築在矽上方的電晶體在設計上有驚人的進步，半導體製造廠商想出一個控制氧化層厚度的方法。製造廠商認為高介電常數材料能製造較厚的氧化層，較為堅固，同時又無損閘極做為微電子開關的能力。在矽上頭放一層高介電常數的絕緣體並不簡單。最佳方法是一種名為原子層沉積法的技術，它採用由小分子組成的氣體，這些分子會自然附著在矽的表面，但分子彼此間卻不會形成鍵結。只要將晶圓暴露在這種氣體中夠久，讓表面的每一點都有分子覆蓋，就可形成一層單分子厚的薄膜。（220 字）

改寫文章

幾千年來，中國傳統文化的陶藝品在設計上有驚人的進步，陶藝品製造廠商想出一個控制陶藝品色澤的方法。製造廠商認為澀水陶土的材料能製造較豐富的色澤，較為美觀，同時又無損陶器做為裝飾品觀賞的能力。在陶上頭塗一層不同層次深淺的色彩並不簡單。常用的方法是一種名為自然落灰釉的技術，它採用由小灰燼組成的氣體，這些灰燼會自然附著在陶的表面，但灰燼彼此間卻不會形成單色。只要將陶器暴露在這種氣體中夠久，讓表面的每一點都有灰燼覆蓋，就可以形成多層色澤溫潤的色彩。（220 字）

篇章中的物理詞彙都經過物理系教授檢視並圈選出來。以下是物理詞彙示例：

「物理學家們相信，他們正在尋找某種物質的普遍結構，也就是尋找從質子到重核，如鈾核的超高能粒子共同結構。」

物理詞彙如：「質子」、「重核」、「鈾核」、「高能粒子」等。

為理解大學生如何處理物理詞彙，材料設計上還以同樣的句型，換上一般詞彙，降低背景知識的要求，如：

• 「超對稱在解釋暗物質方面頗具吸引力。」（物理文章）

• 「星座學在解釋大犬座方面頗具吸引力。」（改寫文章）

資料分析採初始處理階段和晚期處理階段。參與研究的大學生，在讀物理和非物理文章時，在一般性詞彙在初始處階段都沒有差異，表示他們閱讀一般詞彙能力是接近的。對非物理系學生來說，處理物理詞彙費時費力，如對「高介電常數」，平均有 20 次的回視次數；「感應阻抗」有 15 次的回視次數；「巨磁阻」和「共振腔」都分別有 14 次回視次數。有趣的是，在初始階段，無論物理背景知識高、低的讀者，面對皆不熟悉的物理詞彙，凝視時間上沒有差異。但是物理知識背景高者，讀熟悉和不熟悉物理詞彙在第一次連續凝視總時間和總次數上有差異，他們對不熟悉的物理詞連續凝視較長、較多。這顯示，高物理背景知識者在閱讀初期就開始處理陌生詞彙，而物理背景知識低者則在閱讀後期還在處理陌生詞彙。（如表 5-8）

表 5-8
物理背景知識高低者在閱讀前、後期的閱讀狀況

指標 / 讀者背景	背景高低者讀皆不熟悉的物理詞彙	背景高低者讀物理文章的一般詞彙	背景高者讀熟悉和不熟悉物理詞彙	讀者讀物理和非物理文章中相同的一般詞彙
初始處理階段（單位）				
第一個凝視點的凝視時間（字）	沒有差異	沒有差異	沒有差異	沒有差異
第一次連續凝視總時間（詞）	沒有差異	沒有差異	有差異	沒有差異
第一次連續凝視總次數	沒有差異	沒有差異	有差異	沒有差異
晚期處理階段（大單位）				
重新閱讀總凝視時間	有差異	有差異	沒有差異	有差異
回視率	有差異	有差異	沒有差異	有差異

摘自 Jian 與 Ko（2014）

物理背景高者在初始處理階段連續處理不熟悉的物理詞，讓他們在晚期處理階段就沒有熟悉和不熟悉詞彙重新閱讀總凝視時間和回視率上的差異，表示他們解決了陌生的詞彙，可以進行知識上的整合或是高階的理解處理。

　　值得一提的現象是，因著閱讀物理詞彙時的困難，造成重讀和凝視物理詞彙前後兩個一般詞彙的總時間加長（圖 5-4），因是發生在晚期處理階段，我們推測是讀者在上下文之間來回搜尋有沒有訊息可以幫助他明白物理詞的意思，因而造成重讀時間加長。

圖 5-4
在晚期處理階段，物理詞彙的處理時間較一般詞彙的處理時間長

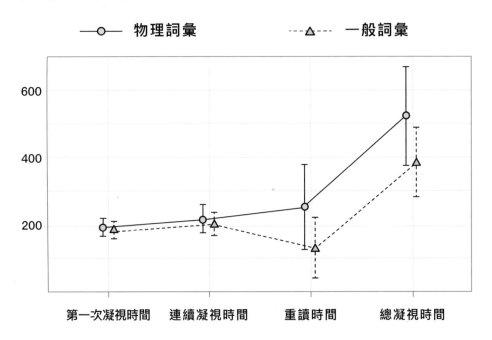

摘自 Jian 與 Ko（2014）

（二）理解監控

背景知識影響不熟悉詞彙的處理，也影響在物理詞彙前後詞彙的處理，讀者會嘗試從上下文中尋找解決困難詞彙的方法，這是一種策略。這再次顯示讀者的理解監控，包括覺知不理解以及如何解決不理解（第三章，理解監控）。

簡氏等（Jian & Ko, 2017）亦曾給小學四年級學生讀搭配圖解的科學短文，一篇為植物，一篇為昆蟲，都由同年級但不是參與研究學生所使用課本中取得的短文和圖片（請見圖5-5、5-6），目的在了解學生讀圖和讀文的情況。這兩篇短文與圖的搭配有一個特色，就是篇章中有圖是帶著獨立的訊息，不在文中有所說明。如植物這篇的上圖，文中沒有特別描述。而昆蟲一文中的下圖同樣是獨立的訊息，文中沒有特別說明。

參與學生依標準化閱讀理解測驗分成高理解組（成績在全國常模前 20%）和低理解組（後 40%-30% 之間），未取最後 30% 的學生，避免因識字或是因一般理解能力不足無法完成閱讀任務。

學生每讀完一篇文章需要為文章的難易程度給 5 至 1 的分數，5 表示非常難。結果學生以植物篇較難（3.41 高理解組，3.50 低理解組），昆蟲篇較易（2.86 高理解組，2.70 低理解組）。學生也接受讀後的閱讀理解評量，題目包括選擇題（測驗：文章事實、圖事實、圖文整合）和短答題，以及要整合整篇的事實（what）和解釋（why）。理解成績與學生給文章的難易度有相關，昆蟲題答對率都比植物的高。

圖 5-5
植物文與圖

標題

花、果實和種子的形態與功能

段落1　許多植物都會用開花、結果、結種子的方式，來繁衍後代。

段落2　仔細觀察花的構造，有萼片、花瓣、雄蕊和雌蕊。萼片位於花朵的最外面，通常由數片綠色葉狀薄片組成，但因為質地具韌性，有保護花瓣和花蕊的功能。花瓣位於萼片裡面，可以保護花蕊，大部分具有鮮艷的顏色或特殊的氣味，會吸引蟲類、鳥類前來傳播花粉。雄蕊位於花瓣內，是植物的雄性生殖器官，由細長的花絲和頂端的花藥所組成，花藥內有許多花粉。雌蕊位於花朵的最中央，是植物的雌性生殖器官，它的形狀很像一個花瓶，最上面是柱頭，中間是花柱，下端膨大的部分是子房，子房內有胚珠。

段落3　植物開花後，雄蕊上的花粉傳到雌蕊的過程稱為授粉。有些植物會通過蜜蜂將花粉傳到雌蕊上，因為花蜜是許多昆蟲的食物，蜜蜂採蜜時身上就會沾花粉，進一步達到傳粉的任務。蜜蜂傳粉之後，掉落在雌蕊柱頭上的花粉會萌發產生花粉管，將其內的精細胞送入胚珠中，使卵受精，之後會發育為種子，而位於胚珠外側的子房會發育為果實。

上圖

▲ 花朵的構造

下圖

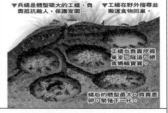

▲ 蜜蜂傳粉

圖 5-6
昆蟲文與圖

標題

社會性昆蟲——螞蟻

段落1　在螞蟻的社會裡，螞蟻分為蟻后、雄蟻、兵蟻、工蟻等不同的種類，牠們的外表形態和工作性質也不同。一群螞蟻住在一起，會一起經營巢室，牠們各有任務、分工合作，因此稱為社會性昆蟲。

段落2　在蟻巢內，蟻后的體型特別大，負責產卵及控制巢室；雄蟻是一種有翅的螞蟻，頭圖小，上顎不發達，腳雖細長，主要職責是與蟻后交配，通常在交配後不久就死亡。工蟻是雌蟻的一種，無翅，一般是群體中最小的個體，數量最多，主要工作是築巢、覓食和照顧幼蟲。兵蟻也是沒有生殖能力的雌蟻，頭大，上顎發達，可咬碎堅硬的食物，主要職責是保衛群體的安全。

段落3　當人們吃東西的時候，一不小心遺落一些碎屑，沒過多久，成群結隊的螞蟻雄兵就會往食物碎屑聚集起來，牠們一個跟著一個，按同一路線匆忙地搬運食物，似乎是走在一條固定的道路上，原來是因為工蟻分泌的費洛蒙起了十分重要的作用。螞蟻會按照各自的蹤跡費洛蒙路徑定向移動，搬運食物的螞蟻雄兵還走邊分泌費洛蒙，以加強逐漸消失的氣味的濃度。

上圖

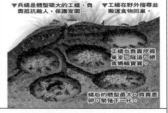

▼兵蟻是體型碩大的工蟻，負責抵抗敵人，保護家園。　工蟻在野外搜尋並搬運食物回巢。

工蟻也負責挖掘巢室、隧道、餵養食物餵寶寶。

蟻后的體型最大，負責產卵、繁殖下一代。

下圖

▲螞蟻在正常情形下，行走時會抬高腹部。

▲當發現新的食物源時，螞蟻行走時會放下腹部，沿著地面的路徑，釋放費洛蒙。

▲螞蟻正用觸角接收蹤跡費洛蒙，找尋食物。

　　透過眼動，我們觀察到高分組學生讀植物一文（較難文）使用的時間比昆蟲（較易文）一文長，但低分組沒有此差別。高分組在植物一文凝視次數（numbers of fixation, 表注意力和認知資源投資）及在研究者框出的特定區（AOI, Area of Interest）中凝視比例（proportion of total reading time，表示選擇注意力）的時間都比較多（如圖5-7）。低分組反而在晚期處理階段將注意力投資在昆蟲一文的文上，似乎表示低分組相對使用較多時間讀較簡單的篇章，而不是較難的文章（植物）。高分組則多讀較難的篇章。

　　前面提到兩篇短文都有獨立的圖說，高分組在這兩個圖說上的凝視時間亦較長，低分組亦無此現象。這指出高分組注意到有別於全文的新訊息，低分組則以讀昆蟲的文（非圖）時間較長。這再次說明他們傾向讀比較不難的訊息。最後，我們由眼球在圖文之間的來回觀察到，低分組在第一次凝視，是忽略植物的圖的（圖5-8）。他們在後續閱讀（連續總時間）才讀圖。

　　整體來說，兩組學生依其理解狀況閱讀，低分組似乎很早就決定植物一文難，在閱讀後期才費時間去閱讀。高分組則是如我們預期的閱讀模式，讀圖、讀文、將認知資源投資在難和新的訊息上。

　　說到理解監控，不只是認識自己的閱讀歷程，解決難題，或是趨易避難也是策略上的選擇。前面大學生讀物理篇章的研究指出他們多讀上下文，想解出難詞的意思，其他研究也同樣指出，閱讀較不順暢學童在前段和後處理階段顯示較多的上下文效果，更依賴上下文提供的訊息，不論是認字或是統整（Johnson et al., 2018）。這在在說明認知在閱讀中扮演著導引眼球移動的角色，也看出閱讀過程是有一監督系統幫助讀者決定眼球幾時移動和移動到哪，包括挑選簡單的圖文閱讀也是理解監控的結果。

圖 5–7
高低分組第一次閱讀昆蟲文與圖的路徑（箭頭旁的數據表示移動方向的比例）

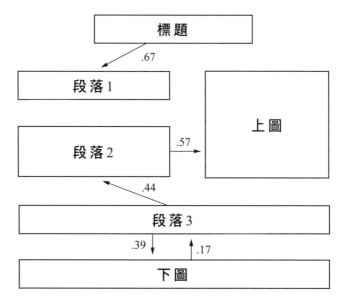

(a) 高分組

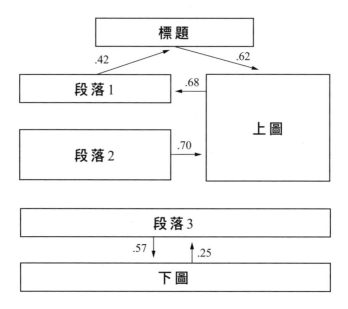

(b) 低分組

圖 5–8
高低分組第一次閱讀植物文與圖的路徑（箭頭旁的數據表示移動方向的比例）

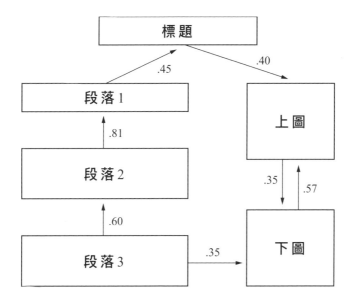

(a) 高分組

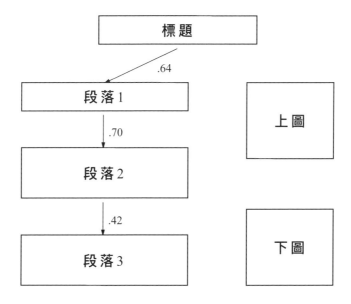

(b) 低分組

近年越來越多圖文篇章閱讀的研究，基於讀文的閱讀理解理論已有相當基礎（如 Kintsch 的 C-I 模式），研究者試著形成讀圖的理論和讀圖文以及整合圖文的理解理論。過去 Paivio（1986）提出雙重編碼理論（也稱雙碼理論，dual-coding theory）和 Mayer（2009）提出多媒體學習（multimedia learning）的觀點，都類似以工作記憶中的語文和視覺兩管道來解釋圖文篇章的閱讀。例如 Mayer 提出讀者先選相關的語詞、再選相關的圖像，組織所選擇的語詞形成心智模式，再組織圖像形成圖的心智模式，最後整合語詞和圖像心智模式加上背景知識形成連貫的心智表徵。

眼動研究透過眼球移動路徑和凝視狀況，提出以下一些觀察。基本上，由小學中年級到中學生的研究指出，面對圖文篇章，絕大部分學生先讀文（Hochpöchler et al., 2013；Schnotz et al., 2014；Schnotz & Wagner, 2018；Zhao et al., 2020）。由文建構心智模式後以此模式讀圖（Schnotz & Wagner, 2018）。而學生的圖文整合反映在對圖的第一個凝視點的凝視時間的長短上（Jian et al., 2019；Mason et al., 2013）。Mason 等（2013）依眼動型態將讀與空氣有關圖文篇章的 49 位四年級學生分組。其中 47% 屬高整合組（high integrators），他們讀圖時有較長的第一個凝視點的凝視時間，而且在「再讀」文和「再檢視」圖的次數上也較其他組多。低整合組（佔 14%, low integrators）則以最短時間讀圖，且在再讀、再檢視上都較短。兩組中間則屬中度整合者。若以理解成績來比較，Mason 等（2013）發現背景知識與讀圖、讀文和圖文整合有關。背景知識高者，在圖文之間有較多來回閱讀，研究者稱整合來回讀（integrative transitions）。Schnotz 和其同事（2014）也觀察到低成就者不如高成就者多讀圖。但，教學可以改善這現象。研究者認為讀圖文篇章是有目的的閱讀，因此設計指

導語（task oriented, task driven）引導學生注意圖所提供的訊息，結果是有效的（Jian, 2019；Schnotz et al., 2014；Schnotz & Wagner, 2018）。

在這一系列圖文閱讀研究中顯示一個問題，就參與研究的讀者來說，都有一段時間讀文的經驗。雖人類最早的符號可能是山洞裡的圖，但在國民教育普及以後，以讀文為首要，讀圖相對被忽略，也有可能書籍編寫者，也以文為主，圖為輔。若今日在數位條件下，圖日漸為主，或是長期看漫畫的讀者，以圖為主，上述研究結果可能會有所不同。例如 Jian 等（2019）將六年級學生依眼動型態分組，其中一組是多讀圖組（diagram-dominated），他們的閱讀理解成績比其他四組，包括多讀文組者（words-dominated）要顯著的高。只是多讀圖者在 122 位學生中僅佔 12%。多讀文者佔 9%。

林昱成（2009）。詞間空格對國小正常及閱讀困難學生閱讀效率之影響（未出版之碩士論文）。國立成功大學。

洪儷瑜、王瓊珠（2010）。閱讀障礙概論。載於柯華葳（主編），中文閱讀障礙（頁 1-24）。心理。

柯華葳、陳明蕾、廖家寧（2005）。詞頻、詞彙類型與眼球運動型態：來自篇章閱讀的證據。中華心理學刊，47，381-398。

詹益陵、柯華葳（2010）。由眼動資料探討連接詞在閱讀歷程中扮演的角色。教育心理學報，42（2），297-316。

陳明蕾、柯華葳（2013）。學習障礙兒童線上閱讀歷程：來自眼球移動的證據。特殊教育研究學刊，38（3），81-103。

楊芝瑜、柯華葳、張毓仁（2012）。記憶廣度及語境效應對閱讀歧異句的影響：來自眼動的證據。教育與心理研究期刊，35（3），1-36。

Chen, M.-L., & Ko, H.-W. (2011). Exploring the eye movement patterns as Chinese children reading texts: A developmental perspective. *Journal of Research in Reading, 34*(2), 232-246.https://doi.org/10.1111/j.1467-9817.2010.01441.x

Haikio, T., Bertram, R., & Hyona, J. (2010). Development of parafoveal processing within and across words in reading: Evidence from the boundary paradigm. *The Quarterly Journal of Experimental Psychology, 63*(10), 1982-1998.https://doi.org/10.1080/17470211003592613

Hochpöchler, U., Schnotz, W., Rasch, T., Ullrich, M., Horz, H., McElvany, N., & Baumert, J. (2013). Dynamics of mental model construction from text and graphics. *European Journal of Psychology of Education, 28*(4), 1105-1126. https://doi.org/10.1007/s10212-012-0156-z

Hyönä, J., & Olson, R. (1995). Eye fixation patterns among dyslexic and normal readers: Effects of word length and word frequency. *Journal of Experimental Psychology: Learning, Memory, and Cognition, 21*(6), 1430-1440. https://doi.org/10.1037/0278-7393.21.6.1430

Johnson, R., Oehrlein, E., & Roche, W. (2018). Predictability and parafoveal preview effects in the developing reader: Evidence from eye movements. *Journal of Experimental Psychology: Human Perception and Performance, 44*(7), 973-991.https://doi.org/10.1037/xhp0000506

Jian, Y.-C., Chen, M.-L., & Ko, H.-W. (2013). Context Effects in Processing of Chinese Academic Words: An Eye Tracking Investigation. *Reading Research Quarterly, 48*(4), 403-413.

Jian, Y.-C., & Ko, H.-W. (2014). Investigating the effects of background knowledge on Chinese word processing during text reading: Evidence from eye movements. *Journal of Research in Reading, 37*(1), 1-16. https://doi.org/10.1111/j.1467-9817.2012.01534.x

Jian, Y.-C., & Ko, H.-W. (2017). Influences of Text Difficulty and Reading Ability on Learning Illustrated Science Texts for Children: An Eye Movement Study. *Computers & Education, 113*, 263-279. https://doi.org/10.1016/j.compedu.2017.06.002

Jian, Y.-C. (2019). Reading instructions facilitate signaling effect on science text for young readers: an eye-movement study. *International Journal of Science and Mathematics Education, 17*, 503–522.https://doi.org/10.1007/s10763-018-9878-y

Jian, Y.-C., Su, J.-H., & Hsiao, Y.-R. (2019). Differentiated processing strategies for science reading among sixth-grade students: Exploration of eye movements using cluster analysis. *Computers and Education, 142*, 103-652. https://doi.org/10.1016/j.compedu.2019.103652

Just, M.A., & Carpenter, P.A. (1984). Using eye fixations to study reading comprehension. In D.E. Kieras & M.A. Just (Eds.), *New methods in reading comprehension research* (pp. 151–182). Erlbaum.

Khelifi, R., Sparrow, L., & Casalis, S. (2019). Is a frequency effect observed in eye movement during text reading? A comparison between developing and expert readers. *Scientific Studies of Reading, 23*(4), 334-347. https://doi.org/10.1080/10888438.2019.1571064

Kliegl, R., Nuthmann, A., & Engbert, R. (2006). Tracking the mind during reading: The influence of past, present, and future words on fixation duration. *Journal of Experimental Psychology: General, 135*(1), 12-35.https://doi.org/10.1037/0096-3445.135.1.12

Liversedge, S.P., Hyönä, J., & Rayner, K. (2013). Eye movements during Chinese reading. *Journal of Research in Reading, 36*, S1-S3.

Mason, L., Tornatora, M. C., & Pluchino, P. (2013). Do fourth graders integrate text and picture in processing and learning from an illustrated science text? Evidence from eye-movement patterns. *Computers & Education, 60*(1), 95–109. https://doi.org/10.1016/j.compedu.2012.07.011

Mayer, R. E. (2009). *Multimedia learning*. Cambridge University Press. https://doi.org/10.1016/S0079-7421(02)80005-6

Paivio, A. (1986). *Mental representations: A dual coding approach.* Oxford

University Press, Clarendon Press.

Pickering M., & Traxler, M. (1989). Plausibility and recovery from garden paths: An eye-tracking study. *Journal of Experimental Psychology: Learning, Memory, & Cognition, 24*(4), 940-961.https://doi.org/10.1037/0278-7393.24.4.940

Rayner, K. (2009). Eye movements and attention in reading, scene perception, and visual search. *The Quarterly Journal of Experimental Psychology, 62*(8), 1457-1506. https://doi.org/10.1080/17470210902816461

Rayner, K., & Pollatsek, A. (1989). *The psychology of reading.* Prentice Hall. https://doi.org/10.4324/9780203155158

Rayner, k., Liversedge, S., White, S., & Vergilina-Perez, D. (2003). Reading disappearing text: Cognitive control of eye movements. *Psychological Science, 14*(4), 385-388. https://doi.org/10.1111/1467-9280.24483

Schnotz, W., Ludewig, U., Ullrich, M., Horz, H., McElvany, N., & Baumert, J. (2014). Strategy shifts during learning from texts and pictures. *Journal of Educational Psychology, 106*(4), 974-989. https://doi.org/10.1037/a0037054

Schnotz, W., & Wagner, I. (2018). Construction and elaboration of mental models through strategic conjoint processing of text and pictures. *Journal of Educational Psychology, 110*(6), 850-863.https://doi.org/10.1037/edu0000246

Tsai, J.-L., Lee, C.-Y. Tzeng, O., Hung, D., & Yen, N.-S. (2004). Use of phonological codes for Chinese characters: Evidence from processing of parafoveal preview when reading sentences. *Brain and Language, 91*(2), 235- 244. https://doi.org/10.1016/j.bandl.2004.02.005

Vorstius, C., Radach, R., Mayer, M., & Lonigan, C. (2013). Monitoring local comprehension monitoring in sentence reading. *School Psychology Review, 42*(2), 191-206.

Zhao, F., Schnotz, W., Wagner, I., & Gaschler, R. (2020). Texts and pictures serve different functions in conjoint mental model construction and adaptation. *Memory & Cognition, 48*(1), 69-82. https://doi.org/10.3758/s13421-019-00962-0

06

閱讀是學習

你以為專家能救你嗎？別鬧了，這個時代我們只能依靠判讀力。…問題的癥結是出在現代社會中任何一個科技問題幾乎都是複合式的，舉凡食衣住行育樂各方面的議題都極其複雜，牽涉的範圍都十分寬廣，導致每一個問題都沒有辦法被切片成獨立的零散片段，所以也就不容易找到單一位專家可以因時、因地、因情境而全方位幫我們解答所有的疑問。

　　　　　　　　──摘自黃俊儒，《新時代判讀力》，頁24。

　　前頁那一段話寫出新世紀我們面對的問題就是「問題幾乎都是複合式的」，不只科技問題，人際、生活、學習方面面都沒有簡單的問題與單一的答案。

　　上一章介紹眼動研究指出，讀者閱讀時會受到詞頻、詞類、文體、詞是否多義、文章難度與文體的影響。這些影響因素都與讀者的背景知識有關係，點出了背景知識在閱讀中扮演的角色。而不同背景知識者，在閱讀過程解決閱讀上遭遇困難的時間點不同。知識背景較多者在閱讀前期先解決生難詞的意思，知識背景弱者在閱讀後期還困在生字難詞中。背景知識較多者，在認字析詞上自動化，包括辨識學科詞彙自動化，集中注意力在高階的思維與判斷上，在學習上就有收穫，是所謂的「讀以學」。透過眼動過程，我們也觀察到讀者回視，說明讀者的理解監督發揮促進理解的功能。只是，有學童挑戰難度較高的篇章繼續閱讀，有學童則放棄挑戰。本章將討論「讀以學」，透過閱讀學習，包括學科閱讀與數位閱讀。

一、學習歷程的特點

（一）學習者自行建構知識

　　閱讀的時候，每位讀者對文章主題、主旨有不同的推論，說明學習者知識的建構操之在己。建構知識時，為求連貫與理解，學習者並不分辨知識是否完整，也可能無法分辨，就開始建構命題甚至統整。這是一個相對自動化的歷程（Spooner et al., 2006）。因讀者要使所呈現的知識對自己來說是連貫的，

當他覺得知識不完整時，就自動橋接補上（bridging）（Singer &
Remillard, 2007）。基本上，有相關背景知識的讀者比相關背景
知識弱的讀者「補」的正確。補的結果如圖 6-1，有的理解，這
是所謂的腦補。但有可能，讀者不全然理解文本訊息，誤解了。
也可能讀者所補上的反而形成錯誤的知識架構或理論，而這筆
知識成了一種信念（belief）、偏見，不容易改變（Schoenfeld,
1985, p.35）。

圖 6-1
閱讀時讀者的背景知識可能造成的影響

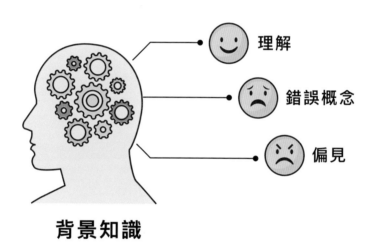

（二）知識與能力互動互惠

在閱讀裡，能力可以指聲韻覺識、識字能力、斷詞、摘要、推論等，這些都可以轉化成學習的策略與方法。而這些能力伴隨知識一起運作，例如前幾章說明的，有字彙知識以抽取字義，新字義增加詞彙知識；有學科知識以摘要所讀學科內容；成熟讀者發揮理解監控，監督理解歷程，使更有效率的閱讀與學習（圖6-2）。知識產生能力，能力組織知識。知識與能力互動、互惠。

圖 6-2
知識與能力互動促成閱讀理解

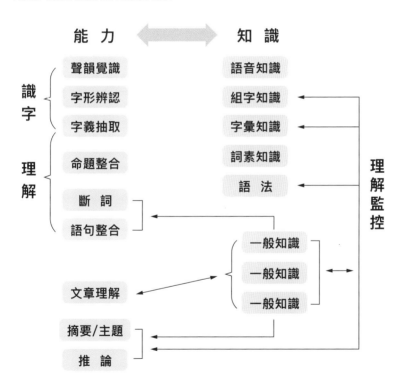

讀到此，讀者可能感受到全書主題就是透過閱讀產生識字與理解的背景知識，透過背景知識學到更多字詞和更多知識，繼續閱讀，使背景知識更豐富，形成富者越富的循環。

二、富者越富

「凡有的，還要加給他，叫他有餘」（基督教聖經，馬太福音，25 章 29 節）。

在閱讀上富者越富（又稱馬太效應）被引用解釋有好的基礎，更能善用，產生新的學習（Stanovich, 1986），這當中包括既有的基礎與新知識的互動，如上面所說，識字有助於理解，理解亦回饋識字量與詞彙的增長，使讀者知識與能力一起更豐富。

Penno 等（2002）研究詞彙學習的馬太效應。他們探討若提供名詞解釋可否破解馬太效應。研究設計上，以平均六歲的兒童為對象，當中有母語是英文以及母語不是英文的毛利兒童、太平洋島嶼的兒童、亞洲兒童、歐洲背景的兒童。教學前，所有兒童都接受了語言能力測驗和詞彙測驗。

教學設計如下：學生聽故事並由教師解釋故事中十個目標詞彙。故事聽完，學生與教師一對一重複故事（Tell me the story the best you can）。第二星期、第三星期學生再各自重複故事一次，重複故事時，有故事的圖片可以參照。第三次重複故事後，學生接受詞彙知識測驗，其中包括故事中的目標詞彙。而後學生再聽一個故事，這一次沒有名詞解釋，但重複故事和目標詞彙測驗如同上述。學生有人先接受故事加上詞彙解釋，有人先聽故事但沒有詞彙解釋。重複故事的順序則是隨機找學生出來說故事。

研究者在重複故事時會檢視學生是否用上故事中的目標詞。分析結果發現，隨著每一次的重複，學生使用目標詞彙次數增加。重複故事的次數增加，目標詞彙出現次數就更多，故事加上詞彙解釋對故事重複中使用目標詞彙比沒有解釋的狀況有幫助。但是，在這學習過程中，受益最多的學生是原本口語能力和詞彙量就高的學生，也就是富者越富。這結果看似悲觀，但研究提出一個有效的教學法：讀故事外加解釋新詞彙，對學生詞彙學習是有幫助的。

在詞彙增強上，接觸越多讀物，對於不認識的詞較有能力提取相似的詞意。Stanovich（1986）提出接觸較多讀物的讀者會更有效率的由背景知識或是由上下文歸納（induce）新詞的意思，但又相對地比較不依賴上下文。在上下文中推論詞意是一個方法，不是獲得詞彙量的機制，不能解釋讀者間能力的不同。研究者發現，閱讀能力較差者若能由上下文析詞解字，表示他已經大部分理解這一篇文章了（Stanovich, 1986）。也就是說，在他們身上看不到富者越富的現象。或許有讀者想到第一章 Nagy 等（1985）推估八年級學生從閱讀文章中習得未曾認識詞彙的比例約在 .05-11% 之間。但 Nagy 等的研究也指出，閱讀能力高者，對目標詞有較多背景知識者，正確率較高。這仍然說明富者越富的現象。研究閱讀的西方學者都同意解字能力是閱讀關鍵，因此教學上要看重與拼音文字有關的語音覺識、字母拼讀（Rayner et al., 2001）。有能力讀者可以由上下文解字，但他們的強項是在沒有上下文時的解字能力。

三、背景知識促進與限制理解

　　背景知識幫助學習新知識、新東西。例如第三章提到多數人知道花木蘭的故事，讀過木蘭辭，但不熟悉李寄斬蛇。兩者都是關於古代女性救助家庭與社會的故事，有著相似的故事脈絡與發展。若藉著對木蘭的背景知識讀李寄，學生讀者就不會因為不熟悉李寄文中一些古文用詞與時代背景感到困擾，甚或退卻不讀。

圖 6-3
相同意旨的典故

　　不過，越來越多研究提出，閱讀不止於識字，有學生識字達一定水平，但理解上遭遇困難。以 Palincsar 與 Brown（1984）研究為例，他們在教導閱讀策略時控制了七年級學生的詞彙水平，也就是學生的詞彙量是相近的，但有人讀了卻不理解，於是教導他們一些理解的策略。有研究者提出，識字條件接近情況下，是有些學生對指示詞（anaphora）或是對語法複雜句（如園徑句型，garden path）的理解就是弱（McNamara et al., 2007）。研究者有各種的探討，包括讀者的工作記憶力是否較弱、背景知識較少等。第四章討論過工作記憶是間接促進閱讀理解。下面再以例子說明背景知識對閱讀的影響力。

（一）背景知識正向遷移

圖 6-4
一般人對文言文閱讀充滿敬畏

之乎者也…

古文

聞文言文
而生畏

　　我們對文言文或說古文滿是敬意與敬畏，因為常覺得讀不懂。讀不懂的原因，一方面是沒有文章當時的背景知識，也不認識作者的背景。另一方面，古文使用的詞彙、句法與今日有差距。研究指出學生讀文言文的困難有：

1. 簡約的文字，文中常有一字多音、一字多義。
2. 虛詞使用比例高。
3. 句式變化多（齊瑮琛、邱貴發，2015）。

　　齊與邱（2015）找台灣六位國民中學三年級學生，他們國中會考模擬考 PR 值在 50 以上，表示這幾位學生有一定的語文能力，讀《世說新語》中德行篇第一篇：

　　荀巨伯遠看友人疾，值胡賊攻郡。友人語巨伯曰：「吾今死矣，子可去！」巨伯曰：「遠來相視，子令吾去；敗義以求生，豈荀巨伯所行邪？」賊既至，謂巨伯曰：「大軍至，一郡盡空，汝何男子，而敢獨止？」巨伯曰：「友人有疾，不忍委之，寧以我身代友人命。」賊相謂曰：「我輩無義之人，而入有義之國！」遂班軍而還，一郡並獲全。

研究者採放聲思考，要求學生在閱讀過程中報告其思考歷程，而後將學生口語內容轉錄成文字，進行原案分析，歸納出四種閱讀理解歷程模式，分別是「拆解詞義」、「統整句意」、「深化理解」和「修正理解」。

　　首先，學生報告所顯示理解上的錯誤如下：

1. 歧義詞語造成的錯誤。例如「荀巨伯遠看友人疾」一句的「遠」字被解釋成「遠遠地」看、「在遠方」看。「疾」字被理解為走得很「急」或「疾病」等不同意思。

2. 省略句造成理解錯誤。讀到省略句時，學生會混淆句中的主語與賓語，而產生不同的理解。如「賊既至，謂巨伯曰：」被理解為「巨伯」、「巨伯的友人」和「盜賊」等三種不同身份。

　　雖學生有錯誤，由齊與邱（2015）報告中看到學生嘗試以策略解決閱讀中發生的問題。這些策略分別是：

1. 以字的部首去推測詞的意思。
2. 從文章中句子前後的因果關係去推論文章的意思。
3. 從已知的故事與文章內容相關部份去推測文章的意思。
4. 試著轉變字詞的詞性去推論句子的意思。
5. 抓出文章主旨再推論部份文句的意義。

　　綜言之，學生使用他們的背景知識與習得的閱讀策略解決閱讀文言文所遭遇的困難。這是善用背景知識，富者越富的例子。

（二）背景知識的負面影響

多年前，作者曾以五年級小學社會科中的課文檢視學生的閱讀理解。如第三章所述，閱讀時，讀者的基模會被觸發，注意、解釋甚至預測內容。因此，作者請五年級學童逐句閱讀課文，每讀一句，先說出本句的意思再猜測下一句作者會說什麼。在此，預測表示是否理解作者的說法，與作者在同一基礎上推論作者接下來會說什麼。此外，學童在每讀完一段後要口頭摘要這一段，以及讀完全文後說出全文主旨。

研究結果發現除了第八句「三世」一難詞（如表 6-1），是學生在日常生活中不容易接觸到的概念，大多數學生對多數句子的理解合乎作者的原意。

由學生的資料中看到學童是有基模在引導他們預測下一句。例如表 6-1 中乙生幾乎每一句都使用「應該」或「使」、「要」，似乎表達他對家庭的看法是責任與義務。這一位學生的預測顯然與原作者的想法不一樣，也因此造成所作摘要與原文有出入（表 6-2）。至於全文的主旨，學生的說法如：「父母應該做子女的好榜樣。」「家那麼重要，為什麼有人要離婚？」這樣的推論也離原文主題稍遠。

表 6–1
課文原句與學童預測句

句次	原文	甲生（女）	乙生（男）
1	家和婚姻（標題） 「家」字的意思，是一男一女相結合，同居在一室。	一男一女相結合，也就是婚姻。	夫妻應該快快樂樂的相處。
2	由夫婦而子女，一個家庭就組織成了。	有些家庭不一定是由夫婦及子女所組成的。例如，有夫婦雙方的父親、母親，也可成為一個家庭。	使孩子有好家庭。
3	人類都有家庭，但中國人對家庭特別重視。	因為家庭對每一個人來講是一個避風港。如果有什麼問題，向家人請教，都可以獲得解決。	應該好好重視家庭，使每個地方乾淨衛生。
4	家庭是一種組織；婚姻是一男一女結合，共同創立家庭的一種關係。	要組織一個家，一定要一男一女結合，共同努力，才能形成一個家。	子女應該好好與父母建立好關係。
5	中國和西方人，對婚姻的觀念，對家庭的組成，都不一樣。	因為中國人和西方人的生活習慣不一樣，所以對家庭的組成也不一樣。	結了婚就應該好好珍惜。
6	家庭的重要（標題） 幾千年來，以農立國的中國，形成了以家庭為中心的生活；個人的生、老、病、死，都由家人照料；個人的管、教、養、衛，都由家庭安排。	因為家庭是一個避風港，所以不管你有什麼病，或有不好的習慣，都由家庭來安排。	對子女有好的管教方法。
7	中國人的三世（標題）每一個人，生活在現在，他一定會想到過去，也會想到將來。	每一個人一定會懷念他小時候好玩的事情，但是他也會想到未來要當什麼，這個也就是他的夢想。	過去所做的每一件也要好好想一想。
8	過去、現在和將來，就是三世。	過去小孩子時是為一世，現在是二世，將來則是第三世。	過去所做錯的事，現在、將來都不應該再做錯。
9	中國人重視家庭，把自己的信仰，寄託於祖先的保佑；把現在的安慰，寄託於全家；把將來的希望，寄託於兒孫後代。	中國人每個人都很尊重祖先，所以寄託於祖先的保佑。	（未答）

表 6-2
學童的分段摘要

段次	句次	甲女	乙男
1	1-3	講家和婚姻	和爸媽住一起要和藹相處 ★
2	4-5	怎樣組織一個家庭	對婚姻要好好珍惜 ★
3	6	家的重要	父母應做子女的榜樣 ★
4	7-9	過去、現在和未來稱為三世 ★	多為自己將來著想 ★

　　同樣是背景知識，可能產生的負面影響，依建構 - 整合
（C-I）模式的概念，讀者在命題建構的階段，就會使用背景
知識進行推論，以形成連貫的閱讀表徵。但是，讀者在應用背
景知識形成推論的過程中，可能面臨的挑戰是能不能抑制不相
關的推論。

　　Spooner 等（2006）設計短句和故事，以再認作業的方式，
檢驗七、八歲學生使用背景知識進行推論的歷程。在這個研究
中，Spooner 和同事們讓學童聽短句故事，如：

The man sat down behind the lady.

The lady was on the train.

The man looked out of the window.

　　聽完後再聽一些句子（如以下四句，共三種選擇），要學
童分辨以下的四個句子，是不是剛剛聽過的句子，而且是和前
面故事裡的句子一模一樣。學童也被告知有些句子有詐，就是
聽起來像故事的句子，但其實和故事裡的句子不一樣。

The man sat down behind the lady. （原句）

The lady was on the train. （原句）

The man was on the train. （合適的推論）

The lady looked out of the window. （不合適的推論）

學生依標準化閱讀能力測驗分為理解組和理解不優兩組。理解組的讀字和閱讀理解都符合同儕該有的程度。理解不優組，讀字正確率符合同儕水準，但閱讀理解差同儕至少六個月。研究結果發現，兩組學童在上述三種選擇上的反應沒有差異，選擇原句正確率和拒絕不合適推論句都在猜測的標準以上（因是對與錯兩個選擇，所以必須計算猜測率）。但對於合適推論句的拒絕率，兩組都低於猜測比例。基本上，不論理解能力如何，兩組學生都接受合適推論是「聽過，且是原來的句子」，但它不是原來的句子。

研究者擔心是否作業不夠難，因此找另一批學童也分兩組，作業上增加記憶的負擔，就是唸過故事後，研究者和學童玩三分鐘讓學童分心的遊戲，再進行句子聽過與否的選擇。結果記憶負擔對不優組選原句造成一些影響，但對於合適推論句的選擇結果與第一個實驗一樣。研究者再進行實驗三，這次拉大兩組學生理解能力上的差距，兩組學生讀字正確率則相近，一組理解力和圖畫詞彙大約有八歲以上程度，另一組理解力則只有六歲程度，詞彙則近似一般同儕。作業同實驗二，有分心的遊戲以增加記憶上的負擔。結果，對拒絕合適推論句子的比例同實驗一和實驗二。

研究者表示，學童不論理解力優或不優，也不受詞彙量的影響，一聽完故事，形成命題就自動整合並記下來，或說學童將所統整的納入故事，放在記憶中。Spooner 等（2006）提出，理解有誤，不是因讀者有統整上的困難，而是因為讀者很快就整合命題。理解困難可能發生在命題建構，特別在「概推」（inference generation），如上述例子，將 The lady was on the train. 和 The man looked out of the window. 讀者使用背景知識，將原來故事裡的句子，「概推」出故事中未出現的 The lady looked out of the window.（不合適的推論）

　　命題建構後，連結命題，作概推，在過程中需要抑制不相關的推論，是合適推論重要的工作，也包括要抑制不相關的背景知識（第三章）。回到讀社會科課本學生概推的主題。推論文本主題需要連結文本相關的知識，當概推與文本意思有落差，有一可能是讀者不受主題限制，自由聯想。另一可能是讀者沒有相關知識可以聯想，只能抽取一般知識，如乙生以父母和兒女關係理解家的意義。

　　上述學生讀的這一課課文有社會學、文化傳統對家的定義與定位，不是學生熟悉的知識，新的知識與學生既有知識間有落差，就如我們在前面提過，讀者必會橋接以連貫背景知識與文本。只是，這樣的橋接未能產生新學習（第三章）。如 Piaget 所説的以既有基模同化（assimilate）新知識，沒有新東西產生。一般知識與學科知識的銜接、混用，對學科學習是一大挑戰，也是閱讀第二大階段：透過閱讀學習，必須面臨的挑戰。

四、閱讀學科

　　圖 6-5 是一篇研究閱讀的論文摘要，與一般教育心理學研究摘要一樣，裡面有理論依據、研究對象、方法與結果。摘要下還有三個關鍵詞。許多碩士班第一年研究生讀這樣的摘要，無法清楚、完整地說出摘要在說些什麼，對關鍵詞也不理解，或許是因為對閱讀研究的專業名詞如自由回憶、摘要、鉅觀結構、建構等不熟悉。但摘要中也有生活中可能用到的，是屬一般性的詞彙，如歸納、不成熟等。這些似乎熟悉的詞與專業名詞在一起，讓讀者變得不確定其意思。這在上一章眼動研究中提過。

圖 6-5
研究論文摘要示例

閱讀之摘要歷程探究[*]

本研究以 Kintsch 與 van Dijk（1978）的理論模式為基礎來探討不同年齡的讀者之摘要歷程。藉由實驗材料的操弄，測量兒童摘要能力以探討兒童閱讀的心理歷程，進而探討摘要能力與中文理解的關係。研究方法選取三年級及六年級受試者各 34 名，每人閱讀三篇不同歷程版本之說明文後，進行自由回憶作業、摘要評量及文本理解測驗。研究結果發現：一、摘要整體表現和閱讀理解、自由回憶、文本理解皆呈現中等之相關；而在不同歷程之摘要表現上，刪除歷程和歸納、建構歷程之相關不顯著，刪除所使用到的摘要次能力不同於歸納和建構。二、不同年級讀者在閱讀後的摘要表現、自由回憶及文本理解在發展上有顯著的差異，六年級學童皆優於三年級學童。三、不同發展階段的讀者在摘要「次能力」表現有顯著差異，刪除的能力明顯優於歸納和建構的能力，其中建構能力是發展最不成熟的能力。在作答分析中顯示僅有五分之一的三年級學童和三分之一的六年級學童能正確選出文章的主題句。

關鍵詞：鉅觀結構、摘要歷程、閱讀理解

取自教育心理學報（2016）（p. 133）

（一） 學科詞彙

請小學生讀「原子」、「中子」、「介子」這幾個詞的字音應該沒有難度。但有了字音以後，它們是什麼意思，就需要有一些物理學的知識幫助讀者瞭解這三個詞彙。但就是瞭解了詞彙，一般人是否可以讀懂一篇物理學的論文？答案很明顯，如眼動研究指出，非物理系學生閱讀物理短文，不是識字問題而是理解的問題（Jian et al., 2013）。又如 Alexander 等（1994）指出，認識學科主題和有學科知識是不一樣的。

學科有學科詞彙和學科邏輯。學科詞彙的英文名稱有 academic language, academic vocabulary, university language，不容易定義（Snow, 2010），因為沒有辦法清楚劃出界線。劉貞妤等（2016）曾以 106 本的台灣人文、社會學術期刊，包括教育、文學、歷史、政治、法學、社會、地理和區域研究等領域，整理與分析其中所包含的詞彙。研究者篩選出 24,000 餘詞，依國外分析學術詞彙的方法，刪除其中重複、地名、國名與數字等，再扣除華語文能力測驗（TOCFL）詞表中入門級與基礎級 405 筆詞彙後，剩 2,405 個詞，稱「中文學術常用詞表」。其中 1,376 出現於 10 個學術領域，546 個出現於 9 個領域，483 個出現於 8 個領域，表示這些詞彙在不同學術領域中的共用。最高頻的詞有：「驗證、歸納、論述、諸如、範疇」。一些高頻學術詞在一般生活中也會用到，如「常見、訊息、分類、組合」等，這就是界線不明的地方。而一些本是專業詞彙如「奈米」像形容詞般描述生活用品，如「奈米銀口罩、奈米醫材、奈米洗衣精」。或是認知心理學的「認知（cognition）」一詞，在生活中常被用為：「你和我的認知不同。」若將這一句話翻譯成英文，其中「認知」一詞應該不會是 cognition。如前所述，一般性的理解與學科專業理解的混淆，會是學習學科

上的挑戰。另一是相同符號如「分子」在不同學科／有不一樣的定義，因受學科特性的影響，如「分子」一詞在數學和物理的意思，不盡相同。這需要學科教師提示不同處。

Nagy 與 Townsend（2012）將學科相關詞彙（academic vocabulary）分為一般學術詞彙（general academic words）和學科專業詞彙（discipline-specific words）。前者就如劉貞妤和同事（2016）所研究，跨學科都會使用但生活中比較少用的詞彙（本文稱學術詞彙）。後者也有研究者稱技術詞彙（technical words）。學科專業詞彙採較嚴格的定義，它是一種特殊的詞彙，專門用來促進溝通與思考學科內容，不論是口語或是書寫。學科詞彙的特殊性是因它傳遞抽象、專業、細緻的想法和想像，是在一般生活與對話中不常出現的。這些詞彙一定在學科環境中使用。

學科詞彙的特色如下（Nagy & Townsend, 2012）：

1. 拉丁或是希臘文。
2. 詞素複雜的詞，如 federal-ism（聯邦制、聯邦主義）、cyto-logy、cyto-plasm（細胞學、細胞質）。
3. 較多名詞、形容詞與介詞。
4. 文法的比喻（grammatical metaphor），包括名詞化。
5. 訊息密度高。
6. 抽象，如語文中的映襯、頂針（修辭使用的詞彙）。

這樣的定義如化學專有名詞 $Na_2CO_3 \cdot 10H_2O$（結晶水合物）明顯是學科專業詞彙，又或如化學變化、物理變化、物理性質、化學性質、化合物、混合物，一眼可以辨識。只是如前面提過，學科篇章除有學科專業名詞，還有學術詞彙，文中也使用一般詞彙來串接、橋接，就避不開一般知識、學術詞彙與學科知識在文中相互的影響。

（二）各科專家讀學科

Shanahan 與 Shanahan（2008）研究數學、化學和歷史學科專家如何閱讀這幾門學科。他們的出發點是傳統的讀寫教學（literacy education）偏重認字教學。如在 Rayner 等（2001）合著的論文名為「心理科學帶給閱讀教學的訊息（How psychological science informs the teaching of reading）」就很明顯。文中強調教學要有研究做基礎，提出拼音文字書寫系統的字母拼讀原則、聲韻覺識與拼字是重要的學習目標（第二章）。當時這一篇閱讀經典文獻對於理解少著墨，對學科閱讀更是未著墨。Shanahan 與 Shanahan 提出，青少年接觸學科時，其拼字、認字能力不足以閱讀學科，但是，一般的閱讀理解策略是否足以幫助讀者閱讀學科？

Shanahan 與 Shanahan 邀請上述學科專家邊讀高中學生的教科書，邊放聲思考，口頭報告閱讀歷程，發現：

1. 數學家閱讀數學材料，再讀（reread）與細讀（close reading）是常用策略，他們會關注功能詞，如定冠詞「the」，因其表達的意思不同於「a」。讀數學要求準確的意義（precision of meaning），要針對每一個字其特定意義去理解，尤其是證明題，數學家承認有時要花很長的時間才能讀懂證明的歷程。

2. 化學家則對資訊的轉化有興趣，邊讀文字邊化成公式或是圖表，以找出結構（structure）。顯然視覺表徵可以幫助化學家理解化學概念。

3. 歷史學家則注意作者和資訊來源，讀文本前他們注意作者是誰，作者可能有哪些「偏見」，閱讀過程在找出作者想要說的是什麼。換句話說，歷史學者知道他們不是在讀「事實」，而是在讀作者的「詮釋」，因此需要判斷詮釋者及其詮釋的可信度。歷史學家會挑選、分析同一事件不同的文件，相互參照閱讀。

Shanahan 與 Shanahan（2008）特別提到歷史學家和化學家的學術研究訓練不同。化學家研究派典是實驗，講究工具、研究設計和統計。學界對研究的品質有一定的共識。他們比歷史學家對研究的結果有信心。數學家則以無誤的證明為真理。因證明必須無誤，所以他們會很仔細地閱讀。而歷史研究如歷史教育學者 Wineburg 等（2016）提到，史學家著手處理文獻時，有一個心理架構，將各種細節置於其中，目標為探究史源。閱讀史料不在獲得資訊，而是與史料在空間脈絡中對話。如 Wineburg 和同事所說，歷史探究過程有脈絡、地點、觀點、時代精神的框架與限制，因此不容易達成共識。

這三類學科專家有不相同的訓練、解題和推理歷程，換句話說，學科間的學習轉移是有限的。每學科都有其必須要學習的知識與能力。由閱讀來說，學生要如何透過閱讀學習各學科？例如，非史學訓練的學生，沒有時空的背景知識，無法如史學家一般的思考，要「透過閱讀學習」歷史，需要有哪些能力？Wineburg 和同事（2016）的建議是，培養學生以證據為基礎的思考與論證、質疑史料、綜合多重紀錄、建立歷史學科特有的字彙、辨識歷史知識是被製造出來的等。這與 Chall（1983）最後的閱讀階段有雷同處，重點在讀不同觀點的文件、質疑與批判以及認識歷史學科專業詞彙。

　　Shanahan 與 Shanahan（2008）將讀寫（literacy）分做三層次，與 Chall 的閱讀階段（第一章）可以匹配。

圖 6-6
由基礎讀寫到學科讀寫 VS Chall 閱讀階段

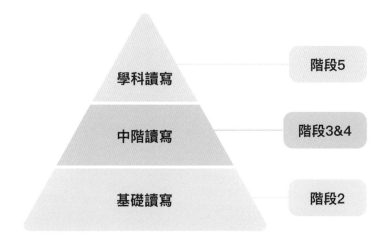

1. 基礎讀寫（basic literacy）包括所有閱讀都需要的能力，解碼、認識高頻詞、認識文體、知道作者有觀點等。相當於 Chall 的學以讀的階段二。
2. 中階讀寫（intermediate literacy）包括自動辨識非高頻的詞，有策略閱讀情境更複雜、組織更複雜的文章，監督自己的理解歷程，推論作者的企圖以及作為讀者自己的選擇。這相當於 Chall 的階段三和四，小學高年級和中學生的閱讀階段，基本上已經開始透過閱讀學習。
3. 學科讀寫（disciplinary literacy）則是關於特定學科，如歷史、文學、科學、數學的讀寫。學科讀寫與口語經驗有相當的距離，其內容較抽象有時甚至與經驗相牴觸。有困難閱讀時，一般的閱讀策略似乎不管用。這相當於 Chall 階段五，透過閱讀學習（讀以學）最後的階段。

學科或許各有自己的學習方法，但誠如 Nagy 與 Townsend（2012）以詞彙是工具（words as tools）為題，建議學科詞彙的學習是語文詞彙的一部分，讀者要能以學科詞彙溝通與思考，表達學科內容。換句話說，讀者學以讀時，有口語詞彙，以詞彙為工具，閱讀、思考、溝通。在學科裡，同樣，先掌握學科詞彙，包括學術詞彙，然後閱讀、思考、溝通，漸漸形成富者越富的循環。顯然，學習學科特有的詞彙是閱讀學科的關鍵，這也是我們在眼動研究觀察到的現象，物理背景知識較豐富的讀者，先解決陌生詞彙的問題（Jian & Ko, 2013）。這也是目前閱讀學者關心的議題。研究者就著跨學科的學術詞彙（如 Snow, 2010；Nagy& Townsend, 2012）訓練學生，強調詞彙在課室、真實文本與生活中被反覆使用，結果都有成效。

只是學科詞彙學習因學科而異。數學家認為必須「記住」數學詞彙的數學意義。歷史學者接受一詞多義多解，但有些歷史詞彙有它的隱喻，如美國總統（2020）說「Covid 19 所帶來的死亡人數比 911 更慘」。讀者必須知道 911 所代表的及其時代背景。化學名詞的取向是將動詞化成名詞，如鹽溶解 salt dissolved, 化學稱 a process of dissolution。若能像閱讀，透過更多研究提出有效的學習方法，由各科學者專家慢慢整理出各科專業詞彙學習的方法與策略，學起來或許會事半功倍。

本書作者同意 Nagy 與 Townsend（2012）將詞彙視為工具的論述，在基礎讀寫階段，讀字詞是與閱讀理解關係最密切的因素之一（Kim, 2015, 2017）。在學科閱讀階段，讀學科詞彙自然也是學科閱讀的密切夥伴。如何學習學科詞彙，包括學科專業詞彙和跨學科的學術詞彙，是閱讀和各學科的學者需要一起努力的研究方向。

五、數位閱讀

　　2005 年一篇研究以 30 至 45 歲都有專業背景，如工程師、會計師、教師、研究生等成人為調查對象，問他們自覺使用電子閱讀器以後，與紙本閱讀比較，閱讀行為上的改變，以「未改變、減少或是增加」某項行為來回答。調查結果指出，這批專業成人以電子閱讀器閱讀增加的行為是瀏覽、關注關鍵詞、只讀一次、非線性閱讀，而在持續性注意力、深度閱讀和專注閱讀上則有近 50% 的受訪者覺得降低了（Liu, 2005）。

　　閱讀的媒介已然擴展，不只有紙本書籍，或是數位化的材料，更多來自網路即時、多元且互動性強的資訊。數位閱讀不單指使用數位載具閱讀多種形式的材料，也包括以網路連結，線上的動態閱讀（online reading，以下稱線上閱讀），如超文本閱讀（hypertext reading）。透過超連結，讀者自行決定文本起點、路徑與終點。

（一）新素養

　　學者主張數位閱讀理解比紙本閱讀理解需要更多能力，強調此為新素養（Coiro & Dobler, 2007），包括適應網路與科技變化的學習力。新素養包含訊息定位（locate）、批判性評估（critical evaluation）、訊息整合（integration）以及溝通分享。因在數位環境中，特別是使用社交工具，閱讀與回應已不可分離。閱讀者不僅要有接收訊息的能力，同時要有分享訊息的能力。簡言之，數位閱讀需要的能力包括搜尋、判斷、選擇與運用網路的素材。此外，數位閱讀，更強調要從多個訊息管道整合結構不完整（ill-structured）的材料，這對習慣於結構良好（well-structured）紙本的讀者來說，是一挑戰。

而基於許多時候數位閱讀目的是在尋找答案解決問題，是名符其實的透過閱讀學習。學者以解決問題定義「數位閱讀素養」包括：

1. 確認重要的問題（Identifying important questions）以知道自己需要什麼訊息。
2. 在眾多的訊息中找到自己所要的（Locating information）。
3. 評估訊息的可信度（Critically evaluating information）。
4. 整合不同來源的訊息（Synthesizing information collected from different resources）。
5. 以不同形式將想法表達（Communicating ideas to others in a variety of formats）（Leu et al., 2011）。

　　Coiro 與 Dobler（2007）曾研究小學六年級學生閱讀紙本和線上材料的行為，發現兩者在認知上有不同的要求（如表6-3）。

表 6-3
紙本與數位閱讀理解策略對照表

閱讀理解策略	紙本閱讀與數位閱讀都需要的	數位閱讀額外需求的
啟動先備知識	1. 主題先備知識。 2. 紙本說明文文章結構之先備知識。	1. 訊息類網頁（網站）架構之先備知識。 2. 線上搜尋引擎的先備知識。
推論理解策略使用	1. 字義配對。 2. 文本結構線索。 3. 文本內容脈絡線索。	1. 更高頻率使用預測性推論。 2. 橫跨網頁空間，進行多層次或多階段的推論。
自我調節的歷程	1. 以理解監控找出修復策略。 2. 連結各種閱讀理解策略以達理解。	1. 閱讀策略與實際閱讀行為相互交織。 2. 展現在短篇幅中快速尋找訊息的循環。

摘自 Coiro 與 Dobler（2007）(p. 229)

還有一項「認知負擔」表 6-3 未列。在 Mayer 與 Moreno（2003）多媒體學習認知理論中（Cognitive theory of multimedia learning）提到，多項訊息要產生關聯，必須同時被維持在工作記憶中。訊息整合是否成功，受訊息間時間間隔與空間距離的影響。間隔越接近，整合效果越好。時間、空間間隔越長，連結越困難。一旦工作記憶資源被佔用，超載的訊息就可能被踢出。線上閱讀，包括超文本閱讀，資訊由讀者自行選擇，因而有關聯的兩節點，可能不在相近的時間與空間內被閱讀與連結。因此，相關訊息難以連結的發生率會提升，導致讀者即使讀過多篇訊息仍只以一篇為主要學習內容。

綜言之，線上閱讀時讀者要解決兩個問題：1. 讀什麼（what to read）和 2. 去哪裡讀（where to read）。網路上訊息輕薄短小，但不一定好讀，且訊息出處不穩，需要一些因應的能力。劉宜芳、柯華葳（2014）整理文獻上關於線上閱讀的能力，簡述如下。

1. 搜尋能力

　　（1）定位訊息（locate information）

　　在網路中定位訊息，須能有效地將搜尋目標轉化為關鍵字，準確地提取目標資訊。

　　（2）導向能力（navigation skills）

　　有良好的導向能力，能增加線上閱讀的流暢度，加快訊息定位，避免迷航。導向能力可從閱讀介面的操作和閱讀策略兩個面向來探討。操作數位載具，如捲動螢幕或操作瀏覽器等。另一是閱讀篩選策略。因網路訊息數量龐大，不可能也不需要逐一檢視，「有選擇」的閱讀是必要的，包括連結選擇策略（link selection strategy），

在閱讀時透過連結的語意，預測網頁的內容。總覽策略（overview processing strategy），在閱讀時預覽線上文本連結間的整體結構。研究指出，學童相當缺乏產出關鍵字的能力，搜尋與導向行為也缺乏系統性，比較像是在「嘗試錯誤」。

2. 評估能力

評估是衡量資料的相關性（relevance）與可信度（trustworthiness）。

（1）相關性評估

在搜尋清單中，用於推論相關性的線索可分為兩類：一是表面線索（superficial cues），一般搜尋引擎回饋的清單中的文字會被凸顯，如以粗體或顏色強調；另一是語意線索（semantic cues），也就是語意上和蒐尋主題相關的描述，如提供摘要。讀者需要判斷不同描述間語意的一致性。研究顯示，年級愈小，愈容易受到表面線索的影響而選擇無關的連結。

（2）可信度評估

可信度的評估有三類線索：

A. 表面線索，包括資料類型（如一手資料、教科書、官方文件、報紙）、來源（如出版者、作者的背景）與時間等。讀者可藉由作者的職業、專業認證以及資料的新舊，時間點所具有的情境線索，衡量資料的可信程度。

B. 資料同證（corroboration）；確認某出處的內容，與其他不同來源的內容具有一致性。

C. 語境重建（contextualization）：對訊息進一步的推理、重組，並比對訊息細節（如歷史事件的時間、空間訊息），建立一個對概念或事件的精緻化心智模型，再驗證資料

的真偽。這與歷史學者閱讀史料時的心智運作非常接近。而可信度的評估在學科閱讀，特別是社會學科閱讀時需用上。請參閱上述閱讀學科一節。

3. 整合能力

第三章曾提過 Kintsch 和同事（1978）提出閱讀理解可分為文本上微觀、鉅觀結構與情境模式等三個層次。線上文本在微觀結構上，是辨識超文本中的相同概念或命題連結；而組織數個超文本，形成一般性概念，可成鉅觀結構。若將先備知識再融入鉅觀結構中，則整合成情境模式。研究發現，學生會以閱讀順序作為整合方式，而不是以概念連結不同的文件；不過在有清楚指導語時，會有較高的比例的學生整合多篇文章的觀點。更多研究請見下面（二）目前數位閱讀研究的說明。

　　讀什麼、去哪裡讀需要搜尋、瀏覽以及整合訊息，形成一個循環的歷程，直到滿足讀者所設立的閱讀目標。圖 6-7 是數位線上閱讀成份的簡化圖。

圖 6-7
數位線上閱讀三成分的循環

（二）目前數位閱讀的研究

　　數位線上閱讀新素養說法已獲得 IEA 的認同，PIRLS 2011 以虛擬網頁為基礎，評量小學四年級學生線上閱讀能力（Martin & Mullis, 2013）。經濟合作暨發展組織（Organization for Economic Co-operation and Development, OECD）所主持的「學生能力國際評量計畫」（Programme for International Student Assessment，PISA）也以資訊利用與提取（access and retrieve）、整合與詮釋（integrate and interpret）、反思與評估（reflection and evaluation）來評量 15 歲學生線上閱讀能力。

　　由上述對數位線上閱讀的描述和定義，不難發現線上閱讀需要的是讀者的高階思維。

　　首先，線上閱讀基本上是非線性閱讀，且線上閱讀牽涉多文本、多媒體，事關統整。但是 Stahl 等（1996）發現，學生在非線性文本中仍然傾向線性重組，以閱讀順序整合內容，只有當被要求提出自己的看法時，才有較高比例的學生整合多篇文章的觀點。但當要求是以陳述事件為主時，學生手上雖有多篇資料，傾向只使用單篇文章的觀點。Wallace 與同事（2000）也發現六年級學生偏向使用單篇文章回答問題。在他們的研究中觀察到，學生以 69% 的時間搜尋資料，僅使用 31% 的時間閱讀內容，且多以單一網頁為答案的依據，而非整合資料產出答案。Urakami 與 Krems（2011）以巴拿馬運河相關歷史文件給大學生閱讀。研究發現，閱讀順序與對歷史文本的理解有關係。當事件以不連貫的方式呈現，大學生事實記憶的表現變差。若文本排列符合時間順序與因果關係，記憶表現會優於只符合時間序列的排列。研究者提出，因果關係能幫助讀者推論時間序列，但時間序列無助於因果關係的建構。綜言之，學生整合資訊，傾向依循因果關係，或以閱讀順序進行線性整合。若未特別要求，學生則以一篇當多篇，省去整合的認知力氣。

　　大學生在整合多個説明文訊息上的表現也不算好，對命題因果關係判斷的正確率也偏低。Wiley 等（2009）建立了一個類似 google 的搜尋結果清單，讓大學生閱讀了七篇有關火山爆發原因的資料，其中三篇可信、三篇不可信，一篇來源不確定但內容正確。閱讀後，學生須以「造成火山爆發的原因」為題寫報告。Wiley 等分析報告內容包括概念正確數，以及對火山爆發形成的因果模型。模型分為四個等級，錯誤表面模型（incorrect superficial models）：錯誤的以地球的表面特徵作為因果解釋；局部模型（local models）：只提到一個局部性的因果關係；混合模型（mixed models）：提到多個正確的相關因素；整合模型（integrated models）：正確的指出所有因素間的因果方向。

　　Wiley 等發現，僅 11%-18% 的學生形成整合模型。學習較成功的學生（產出四個以上的正確概念，且未展現任何錯誤概念）比學習失敗的學生（產出低於四個正確概念，且有一個以上的錯誤概念）其概念模型的等級與正確概念間有相關，且更能區分可信與不可信的文章，也花費更多的時間閱讀可信的文章。顯然，評估文章可信與否的能力與整合正確概念有一定的相關程度。此外，高先備知識者在整合上則有較佳的表現。

　　Strømsø 等（2008）請大學生閱讀全球暖化相關文章，並測量了大學生的解碼能力、先備知識以及對全球暖化概念的知識論信念。閱讀理解測驗則分別測量表面意義（surface meaning）、單篇文章整合理解與多篇文章整合理解。結果如 Wiley 等的研究，先備知識對三種閱讀理解的表現都有顯著的正向預測力；對解碼能力則沒有顯著的預測力。Gil 等（2010）讓大學生在紙本與電腦兩種閱讀環境下，測量其先備知識，閱讀五篇科學文章，之後寫下摘要或評論，測量事實閱讀理解與

推論閱讀理解表現。分析結果顯示,先備知識水準越高,在推論性理解的表現會越好。兩種不同的閱讀環境並未影響文章整合的行為。這些研究似乎指出一般讀者若不是特別要求。在整合上能省則省。此外,不論是在紙本或在數位環境,讀者的背景知識與其整合訊息的品質有關係。

劉宜芳、柯華葳(Liu & Ko, 2018)以四年級至八年級學生為對象,依線上閱讀需有的能力:定位、評估與整合編製各種評量(表 6-4),並實施紙本評量傳統閱讀能力。受試者自評線上訊息搜尋能力,此量表則改自 Tsai(2009)所編制的線上訊息搜尋策略問卷。可視為讀者線上操作能力。

表 6–4
線上閱讀能力定義

定位搜尋	關鍵字產出	將搜尋目標訊息轉化為檢索詞彙
		從搜尋結果延伸新的關鍵詞
	事實取得	從線上文本取得特定資訊
評估	相關性	判斷搜尋結果及網站內容是否與閱讀目標有關
	可信度	依據作者、時間、出版來源等線索判斷內容的可信度
整合	概念統整	由一至多個線上文本中形成主旨或結論

整體而言，四年級、五年級通過率不及 60%，六、七、八年級則有及格的表現。在諸多項目中，事實取得（在線上文本取得特定資訊）、相關性判斷及概念統整是四至八年級學生相對表現較不佳的項目（圖 6-8）。

圖 6–8
四至八年級學生線上閱讀表現

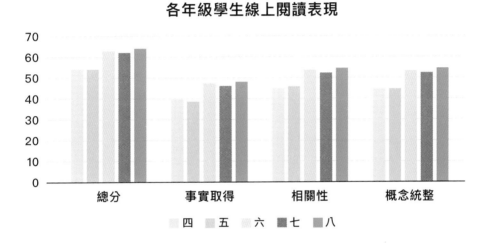

至於工作記憶在線上閱讀是否如多媒體學習認知理論所推測，扮演重要角色？劉、柯分析指出，除語文工作記憶可以直接預測線上閱讀理解，其他順序、逆序記憶與空間工作記憶則是直接預測紙本閱讀理解，並由紙本閱讀理解預測訊息搜尋能力與線上閱讀能力。而紙本閱讀能力除了可直接預測線上閱讀能力，也可以經由訊息搜尋能力間接預測線上閱讀。訊息搜尋能力可以直接預測線上搜尋能力。整體而言，紙本閱讀能力對線上閱讀表現有最高的預測力，其次為語文工作記憶，再次為訊息搜尋能力。後兩者的預測力與紙本預測力比較，有相當大的差異（請見圖 6-9）。

哪一個因素與線上閱讀最有關係？紙本閱讀成績。線上閱讀測驗總分與紙本閱讀測驗有高相關（$r = 664, p < .000$）。這與張郁雯、柯華葳（2019）的分析 PIRLS 2016 的資料是一致的。PIRLS 2016 有數位與紙本閱讀評量。數位閱讀乃透過虛擬網路評估學生閱讀、詮釋和批判線上訊息的能力。張與柯（2019）檢視六個因素包括性別、家庭學習資源、閱讀自信、電腦使用自我效能、電腦使用經驗以及紙本閱讀成績與數位閱讀成績的關係。分析結果發現，在台灣紙本閱讀可以解釋數位閱讀表現 61%，且紙本閱讀能力的預測力明顯高過其他因素，次為閱讀自信（.12），而電腦使用自我效能的貢獻度低，甚至沒有。這再次說明線上閱讀雖然需要一些電腦操作技能，但是紙本閱讀能力是線上閱讀的根本。

圖 6-9
與線上閱讀有關的因素

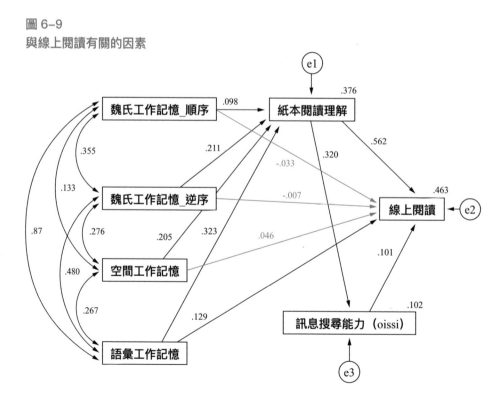

簡言之，面對多元且大量的網路資訊，讀者需要設立閱讀目標，選擇閱讀材料。截至目前，所有針對成人和學生、學童的研究，都指出特別是在整合這一環節，不論年紀，多數讀者都有加強的空間。

數位時代的閱讀不再定於一尊。線上閱讀不是認多少字的問題，在閱讀階段，屬於透過閱讀學習最後兩個階段，且重點在選擇與判斷資訊的能力，且背景知識是統整多元訊息最得力助手。至於背景知識怎麼來？多閱讀是答案。有一個有趣的研究，Stanovich 與 Cunningham（1993）找 268 位大學生，蒐集他們的高中成績（GPA），並進行閱讀理解測驗、數學測驗、一些文化相關測驗、一般實用的知識測驗與首字母縮寫辨識如 NATO，DNA 等，以及調查他們在 80 位人名（一半為作者）中認識多少位作者、80 本雜誌（magazine）（一半為假名稱）和 24 張報紙（一半為虛構）中認識多少是真的，同時調查這些大學生看電視狀況。結果指出，對作者、報章雜誌正確與否的辨認度越高，學生的閱讀理解成績、首字母縮寫辨識成績、一般常識、文化知識成績也越高，這也與數學、高中成績有中等的相關。但是，這些知識相關的成績與電視閱聽狀況無關。研究者在當年就想表達，接觸印刷品有益背景知識的擴展。

總結，紙本閱讀能力是線上閱讀的關鍵力。目前的研究普遍發現，讀者線上多元閱讀的整合能力有待加強。此一現象，可能和過去紙本閱讀多以單文本閱讀理解為目的，讀者不特別需要（或加強）進行多文本閱讀，即使有多文本閱讀，若沒有特別閱讀目的與要求，讀者也僅掌握不同文本內的訊息，做最小化推論（McKoon & Ratcliff, 1992），閱讀就告一段落有關。但讀者是可以被要求的，如能隨著閱讀發展，閱讀材料擴增，讀者能更費力氣閱讀（如圖 6-10），那麼在數位世代中，人人都是閱讀有方學習有法的自學者，將指日可待。

圖 6–10
隨著閱讀變多變廣，閱讀能力也要變複雜

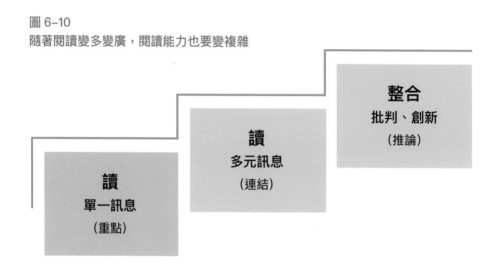

參考文獻

黃俊儒（2016）。*新時代判讀力：教你一眼看穿科學新聞的真偽*。方寸文創。

張郁雯、柯華葳（2019）。影響數位閱讀表現的學生與環境因素：PIRLS 2016 資料探討。*教育心理學報，51*(1), 159-181。

齊瑮琛、邱貴發（2015）。文言文閱讀理解歷程探究。*華語文教學研究，12*（2），51-74。

劉宜芳、柯華葳（2014）。國小學生線上閱讀素養測驗之編制與線上閱讀能力表現之初探。*測驗學刊，61*（4），463-486。

劉貞妤、陳浩然、楊惠媚（2016）。藉學術語料庫提出中文學術常用詞表：以人文社會科學為例。*華語文教學研究，13*（2），43-88。

Wineburg, S., Martin, D., & Monte-Sano , C. (2016)。*像史家一般閱讀：在課堂裡教歷史閱讀素養*（宋家復譯）。國立臺灣大學出版中心。（原著出版年：2013）。

Alexander, P., Kulikowich, J., & Schulze, S. (1994). How subject-matter knowledge affects recall and interest. *American Educational Research Journal, 31*(2), 313-337. https://doi.org/10.2307/1163312

Chall, J. S. (1983). *Stages of Reading Development*. McGraw-Hill.

Coiro, J., & Dobler, E. (2007). Exploring the online comprehension strategies used by sixth-grade skilled readers to search for and locate information on the Internet. *Reading Research Quarterly, 42*(2), 214–257. https://doi.org/10.1598/RRQ.42.2.2

Gil, L., Bråten, I., Vidal-Abarca, E., & Strømsø, H. I. (2010). Summary versus argument tasks when working with multiple documents: Which is better for whom? *Contemporary Educational Psychology, 35*(3), 157-173. https://doi.org/10.1016/j.cedpsych.2009.11.002

Jian, Y.-C., Chen, M.-L., & Ko, H.-W. (2013). Context Effects in Processing of Chinese Academic Words: An Eye Tracking Investigation. *Reading Research Quarterly, 48*(4), 403-413.

Kim, Y-S. G. (2015). Language and cognitive predictors of text comprehension: Evidence from multivariate analysis. *Child Development, 86*(1), 128-144. https://doi.org/10.1111/cdev.12293

Kim, Y-S. G. (2017). Why the simple view of reading is not simplistic: Unpacking component skills of reading using a direct and indirect effect model of reading (DIER). *Scientific Studies of Reading, 21*(4), 310-333. https://doi.org/10.1080/10888438.2017.1291643

Kintsch, W., & van Dijk, T. A. (1978). Toward a model of text comprehension and production. *Psychological Review, 85*(5), 363-394. https://doi.org/10.1037/0033-295X.85.5.363

Leu, D., McVerry, G., O'Byrne, I., Kiili, C., Zawilinski, L., Everett-Cacopardo, H., Kennedy, C., & Forzani, E. (2011). The new literacies of online reading comprehension: Expanding the literacy and learning curriculum. *Journal of Adolescent & Adult Literacy, 55*(1), 5–14.

Liu, I.-F., & Ko, H.-W. (2018). Roles of paper-based reading ability and ICT-related skills in online reading performance. *Reading and Writing, 32*(4), 1037-1059. https://doi.org/10.1007/s11145-018-9892-z

Liu, Z. (2005). Reading behavior in the digital environment: Changes in reading behavior over the past ten years. *Journal of Documentation, 61*(6), 700-712. https://doi.org/10.1108/00220410510632040

Martin, M. O., & Mullis, I. V. S. (Eds.) (2013). *PIRLS 2011 web-based reading initiative*. Retrieved June 2, 2013 from the world wide web: http://timssandpirls.bc.edu/methods/pdf/MP_WebBasedReading_P11.pdf

Mayer, R. E., & Moreno, R. (2003). Nine ways to reduce cognitive load in multimedia learning. *Educational Psychologist, 38*(1), 43–52. https://doi.org/10.1207/S15326985EP3801_6

McKoon, G., & Ratcliff, R. (1992). Inference during reading. *Psychological Review, 99*(3), 440-466. https://doi.org/10.1037/0033-295X.99.3.440

McNamara, D., O'Reilly, T., & deVrga, M. (2007). Comprehension skills, inference making, and the role of knowledge. In F. Schmalhofer & C. Perfetti (Eds.), *Higher level language processes in the brain: Inference and comprehension processes* (pp. 233-251). Lawrence Erlbaum Associates Publishers.

Nagy, W. E., Herman, P. A., & Anderson, R. C. (1985). Learning words from context. *Reading Research Quarterly, 20*(2), 233-253. https://doi.org/10.2307/747758

Nagy, W., & Townsend, D. (2012). Words as tools: Learning academic vocabulary as language acquisition. *Reading Research Quarterly, 47*(1), 91-108. https://doi.org/10.1002/RRQ.011

Palincsar, A.S., & Brown, A.L. (1984). Reciprocal teaching of comprehension-fostering and comprehension-monitoring activities. *Cognition and Instruction, 1*(2), 117-175.https://doi.org/10.1207/s1532690xci0102_1

Penno, J., Moore, D., & Wilkinson, I. (2002). Vocabulary acquisition from teacher explanation and repeated listening to stories: Do they overcome the Matthew effect? *Journal of Educational Psychology, 93*(1), 23-33. https://doi.org/10.1037/0022-0663.94.1.23

Rayner, K., Foorman, B., Perfetti, C., Pesetsky, D., & Seidenberg, M. (2001). How psychological science informs the teaching of reading. *Psychological Science in the Public Interest, 2*(2), 31-74.https://doi.org/10.1111/1529-1006.00004

Schoenfeld, A. (1985). *Mathematical problem solving.* Academic Press. https://doi.org/10.1016/C2013-0-05012-8

Shanahan, T., & Shanahan, C. (2008). Teaching disciplinary literacy to adolescents: Rethinking content-area literacy. *Harvard Educational Review, 78*(1), 40-59. https://doi.org/10.17763/haer.78.1.v62444321p602101

Singer, M., & Remillard, G. (2007). Retrieval of explicit and implicit text ideas: Processing profiles. In F. Schmalhofer & C. Perfetti (Eds.), *Higher level language processes in the brain: Inference and comprehension processes* (pp. 189-210). Lawrence Erlbaum Associates Publishers.

Snow, C. (2010). Academic language and the challenge of reading for learning about science. *Science, 328*, 450-452.

Spooner, A., Gathercole, S., & Baddeley, A. (2006). Does weak reading comprehension reflect an integration deficit? *Journal of Reading Research, 29*(2), 173-193. https://doi.org/10.1111/j.1467-9817.2006.00284.x

Stahl, S. A., Hynd, C. R., Britton, B. K., McNish, M. M., & Bosquet, D. (1996). What happens when students read multiple source documents in history? *Reading Research Quarterly, 31*(4), 430-456.https://doi.org/10.1598/RRQ.31.4.5

Stanovich, K. (1986). Matthew effects in reading: Some consequences of individual differences in the acquisition of literacy. *Reading Research Quarterly, 21*(4), 360-407.

Stanovich, K., & Cunningham, A. (1993). Where does knowledge come from? Specific associations between print exposure and information acquisition. *Journal of Educational Psychology,85*(2),211-229. https://doi.org/10.1037/0022-0663.85.2.211

Strømsø, H. I., Bråten, I., & Samuelstuen, M. S. (2008). Dimensions of topic-specific epistemological beliefs as predictors of multiple text understanding. *Learning and Instruction, 18*(6), 513-527. https://doi.org/10.1016/j.learninstruc.2007.11.001

Tsai, M.-J. (2009). Online information searching strategy inventory (OISSI): A quick version and a complete version. *Computer & Education, 53*, 473-483. https://doi.org/10.1016/j.compedu.2009.03.006

Urakami, J., & Krems, J. F. (2011). How hypertext reading sequences affect understanding of causal and temporal relations in story comprehension. *Instructional Science, 40*(2), 277-295. https://doi.org/10.1007/s11251-011-9178-1

Wallace, R. M. C., Kupperman, J., Krajcik, J., & Soloway, E. (2000). Science on the web: Students online in a sixth-grade classroom. *The Journal of the Learning Sciences, 9*(1), 75-104. https://doi.org/10.1207/s15327809jls0901_5

Wiley, J., Goldman, S. R., Graesser, A. C., Sanchez, C. A., Ash, I. K., & Hemmerich, J. A. (2009). Source evaluation, comprehension, and learning in internet science inquiry tasks. *American Educational Research Journal, 46*(4), 1060-1106. https://doi.org/10.3102/0002831209333183

後語

書到尾聲，需要一個結論，摘要六章內容，將每一章主要概念間之關係連貫起來，形成鉅觀的文本模式。若有讀者想知道全書重點，讀這一篇短文即有個概要。至於情境模式就有勞讀者自己形成了。

　　全書由語言發展開始（第一章），說明閱讀的研究與理論。書中出現許多研究者的名字，他們經年累月，探討閱讀歷程，讓閱讀成為專業的研究領域。而研究閱讀的學者跨學科、跨領域合作，有語言學者、認知心理學者、教育學者、某些學科學者，還有歷程與模型研發者，促成了今日我們讀到的各種閱讀期刊、閱讀研究與理論，亦創造出「閱讀領域」的學術詞彙，如：解碼、認字、識字、讀字、聲韻覺識、詞素覺識、快速命名、流暢度、詞彙、閱讀理解、局部（部分、微）處理、鉅觀處理、句法覺識、文體知識、推論、文本模式、情境模式等，這當中也引進其他領域的專業名詞如音素、詞素、命題、工作記憶、後設認知（理解監控）等。上述這些因素基本上分為語文因素和認知因素兩大類（請見第四章）。

　　這些學術名詞的定義是所謂的操作型定義。為了研究緣故，把抽象的概念化成可以測量、看得到的具體事實。例如理解。什麼是理解？怎樣才算理解？有研究者給學生一篇文章閱讀，讀過後，學生回答測驗題，答對幾題代表他們對這一篇文章的理解程度。有的研究請讀者讀過文章後作摘要，摘要給分時，研究者訂出全篇有幾個重點就有幾分，若讀者寫出不屬於文章的主要內容，就扣分。這都是理解的操作性定義。研究者以操作型定義探討與推論閱讀歷程和模式，當要將研究成果化作教學時，這些操作型定義是很管用的。

　　至於閱讀理論可以很簡單，只包括識字和理解兩成分。讀者唸出字，表示認識字及其意思，理解就不遠了。

不論研究者稱解碼、認字、識字，都指讀出印刷品上的符號。上一世紀大約 60 到 80 年代，正是發展電腦 AI 學習人腦運作的時間，許多認知心理學者投入解碼的認知歷程研究，有各種認字模型被推出來，本書未特別介紹這些由下而上的解碼歷程，例如字母辨識（letter pattern recognition）、字形辨識（orthographic structure recognition），形素-音素對應（grapheme-phoneme correspondence 或 letter-sound correspondence 字母與音對應）。有的研究者則以字母的一點一橫等視覺上的辨識設計電腦識字模型。在我們讀到的中文字研究和觀察的資料中，不論識字或不識字者，沒有見到個體，由一點、一豎、一撇認字的（第二章）。

　　讀者認一些字後，認知上形成組字知識，是關於中文字組成的基本概念。為檢視讀者是否使用組字知識認新字，研究者製造假字，讓讀者讀。所測的不只是認多少字而是讀者有沒有組字知識。讀者雖不認識這個字，但可以由字的部件猜此字可能的意思和讀音。研究資料指出，大約小學二、三年級學生已經有中文字組字知識，可以猜沒見過的字。一般二年級學生也有聲韻覺識，可以唸出假字音，三年級學生則還能以詞素覺識，猜測假詞的意思（第四章）。這表示一般小學中年級學生對中文字已有相當的認識與掌握。這時認字在閱讀上是讀者主要的工作，以圈圈的大小表示之（圖 7-1）。此時相當於基礎讀寫階段和 J. Chall 第二階段的閱讀發展。

圖 7–1
基礎讀寫階段

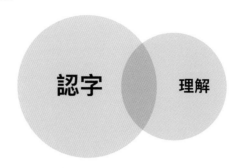

　　研究清楚指出，聲韻覺識與初學識字有關係。在台灣，當學生學習注音符號後，以注音符號表徵語音，對聲韻單位的辨識與操作能力提高。我觀察有學生接受聲韻覺識測驗時，口頭上拆這個字音，並以手指計算這個字音用了幾個注音符號得以拼出。研究指出，聲韻覺識與注音符號的學習關係密切。也因此，聲韻覺識和注音符號的重要性到某個學習階段被其他與詞彙、篇章閱讀更直接相關的因素取代。

　　詞素是最小的意義單位，自然和中文字、詞的學習有關係。在中文，詞素和聲韻的單位都是音節（就是一個中文字），它們之間也會有相關。

　　學習初期，除上述聲韻覺識和注音符號學習有關，聲韻覺識和詞素覺識也與認字、詞彙、閱讀理解有關係。基本上，低年級學生以既有知識讀文章，所有評量測的是他們已經學到的知識，測的極有可能是學生的記憶力。還好學生能邊學語文，其認知系統邊處理產出「覺識」，聲韻（音）的覺識、字的覺識、詞的覺識。語文和認知相輔相成，使初學者以「覺識」學更多的音、字、詞。

　　認字後，就是語言理解的工作了。

認字與理解一直有密切關係。閱讀理解需要認字作基礎。但是研究也指出，特別是到青少年時期，有一般識字程度的學生不一定理解屬青少年時期的讀物，包括學科。

根據建構 - 整合（C-I）模式，讀了字（詞），自動組成命題。讀者邊形成命題、邊組合命題。此時需要工作記憶協助命題整合。工作記憶是有容量限制的認知處理器，訊息不斷進來，在工作記憶中攪拌、輸出，未處理到的就算遺失。關鍵在，命題內容的大小可以克服工作記憶的限制。命題內容多的，工作記憶整合的知識量也就大（第三章）。

命題內容因讀者背景知識不一而異。以唐詩為例。幼童背誦唐詩，一字一單位。一句五言（五字）或七言（七字）絕句就佔滿記憶處理器。相對的，一位熟悉唐詩的學者，可能是一篇甚或數篇為一單位。幼兒處理五個字、七個字是記憶的極限，對唐詩學者來說，處理五首詩或是更多篇詩，要吟誦、要比較不同詩之間的異同、甚或討論每首詩歌作者的背景與心境，並加以批判都可以及時處理，在工作記憶處理上不是問題。這一點顯示背景知識幫了工作記憶容量限制的大忙，或說豐富的背景知識促成工作記憶有更大的能耐（第五章）。

另一個可以幫工作記憶的是理解監控。

整合命題時，一個原則是「連貫」，文本與讀者背景知識連貫。整合時可能激發相關但不接近的詞意或是背景知識，此時須有一機制提醒，抑制不相關的訊息。這機制就是理解監督。邊激發邊抑制訊息也占據工作記憶容量，理解監控及時阻止自由聯想成脫韁野馬，在文本框架內形成文本模式，也就是理解監控可以降低工作記憶的負擔。這或許是工作記憶對閱讀理解的貢獻也漸漸淡出的原因之一（第四章）。

理解監督還要提醒讀者什麼是新的學習。情境模式目標是新學習。當讀者提取背景知識（既有知識、先備知識）來理解文本，認知上同化進來的訊息，結果可能是「我已經知道」了，造成沒有新知識產生。若理解監控適時提醒讀者是否過度依賴背景知識，可以避開「天底下沒新鮮事」的感嘆，而產生學習。換句話說，背景知識是兩刃劍，會幫助理解但也可以傷害理解。研究指出，背景知識越豐富者，理解監控越佳。這時認字（詞）、理解、理解監控的關係如圖 7-2，以理解為主，理解監控還在發展中。詞彙辨識需要相當自動化，留下處理理解的認知空間。這大約是中階讀寫階段和 J. Chall 的第二、第三閱讀發展階段。

圖 7-2
中階讀寫階段

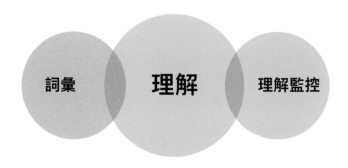

　　回到幼童學習詞彙和概念，有類化也有互斥限制，一樣的歸一類，不一樣的成為新的一類。學認字初期以所知道的內容幫助認字，學習一字一音，所讀的內容提供認字的材料，讓初學者專心學字，不需操勞認知容量去理解。但當認字量達到一個地步，如對多數掌握一定中文字數量的四年級小學生來說，就可以透過閱讀學習新知。

看起來，不論國外或是台灣的研究，年級與閱讀的關係與J. Chall 提出的閱讀發展階段相當一致。讀者或許質疑，研究者會因應研究議題找不同年級或年齡的受試，如研究聲韻覺識者找大約是二年級（含二年級）以下的學生。研究詞素覺識者，找三年級左右的學生，理解監控找五年級或以上的學生。如此一來，自然研究結果與閱讀發展階段相近。不過文獻中不乏長期追蹤或是跨年段（橫跨低年段到高年段）的研究，而這些研究，還是可以清楚看出閱讀發展的軌跡。

　　發展過程中，認知因素，如工作記憶、聲韻覺識、理解監控扮演重要的角色。它與語言互動、互惠，也與環境（包括教育）互動、互惠。但隨著發展，認知的影響力道看似漸弱，只因它逐漸被整合到語文因素裡。當語文的單位變大，如由字、詞成為段落篇章，認知因素很可能被包在其中，失去其在統計上的顯著效果。這或許就是文獻指出，最能預測識字的是上一年度的識字量，最能預測閱讀理解的也是前一次的閱讀理解成績。

　　至於詞彙，詞彙通常透過圖畫詞彙測驗，測讀者已有的詞彙量。在閱讀初期，詞彙量與閱讀理解有關係，隨者讀者成長，例如到小學高年級和以上，一般詞彙量無法預測閱讀理解。學生進入小學，帶著日常詞彙學習學校語言和學術詞彙，閱讀範疇變廣也變複雜，知識也依著學科逐漸擴展。家裡若有長輩如阿公阿媽，他們的感覺最敏銳，他們會説：「孫子學的我都聽不懂，因為兒孫開始使用學校術語或是學術詞彙。」但要能以學科詞彙來思考與溝通，大約要等到 J. Chall（1983）的第五階段：學科讀寫。

使用學術詞彙思考、溝通是學習學科重要的目標之一，只是主題學習和學科學習有不一樣的重點。主題零碎，學科統整。閱讀至終要能統整，才有利知識建構，否則留著一塊一塊的命題，或許可以用來簡答，但不算真正理解（第六章）。

閱讀歷程還是可以簡單的用簡單觀點閱讀模式來解釋，孩子隨著成長入學之後，解碼、認字（word）要換成學術詞彙和學科專業詞彙，如圖 7-3 所示，目標是學科學習。而當我們面對科技的挑戰，考量數位化的媒體平台，閱讀伴隨著圖、表、漫畫，動畫、影片，還有虛擬實境等，閱讀者需要更認識新媒體的本質。因著數位化的特性，幾乎人人可以使用現成軟體在原件上移花接木，讀者必須學會判斷，如第六章所提到的對訊息的評估能力。另一特色是無法計數的訊息量，選擇符合閱讀目標的資料也成為讀者新的考驗。這使過去以文字為主的閱讀理解理論勢必要納入數位媒體，重新思考閱讀理解。這是研究閱讀學者們的新挑戰。

圖 7-3
成熟讀寫階段

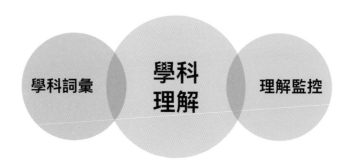

參考文獻

Chall, J. S. (1983). *Stages of Reading Development*. McGraw-Hill.

語言、語文與閱讀

作　　者：柯華葳

編　　者：陳明蕾

發 行 人：高為元

出 版 者：國立清華大學出版社

社　　長：巫勇賢

行政編輯：劉立葳

責任編輯：蔡宜蓁

校　　對：蔡幸錦

美術設計：銀海設計 林慧秋

插　　畫：銀海設計 林慧秋

地　　址：300044 新竹市東區光復路二段 101 號

電　　話：(03)571-4337

傳　　真：(03)574-4691

網　　址：http://thup.site.nthu.edu.tw

電子信箱：thup@my.nthu.edu.tw

其他類型版本：無其他類型版本

展 售 處：紅螞蟻圖書有限公司 (02)2795-3656

　　　　　http://www.e-redant.com

　　　　　五南文化廣場 (04)2437-8010

　　　　　http://www.wunanbooks.com.tw

　　　　　國家書店 (02)2518-0207

　　　　　http://www.govbooks.com.tw

出版日期：2022 年 11 月初版

　　　　　2023 年 3 月二刷（修訂）

定　　價：平裝本新台幣 450 元

ISBN 978-626-96325-1-0　　GPN 1011101559

語言、語文與閱讀 / 柯華葳著 . -- 初版 . -- 新竹市：
國立清華大學出版社 , 2022.11
214 面；17×23 公分
ISBN 978-626-96325-1-0（平裝）
1.CST: 兒童語言發展 2.CST: 閱讀
523.16　　　　　　　　111015704